無愛想のススメ

人間関係が劇的に改善する唯一の方法

池田 潤
JUN IKEDA

はじめに

「無愛想」という言葉は、普段あまり良い意味で使われることはない。

ましてや、無愛想になることを勧められることなど普通はないのではないかと思う。

ただ、実は無愛想になることには人生を大きく変える力がある。

本書では「無愛想」をこれでもかとオススメしていく。

人の悩みのほとんどは「人間関係」から生まれると言われていて、人は愛想を良くすることでその悩みを解決しようとする。

しかし、愛想を良くすることで悩みを解決しようとするその姿勢こそが、悩みが解決されない最大の原因なのだと言ったら、あなたはどう感じるだろうか。


必要なのは、「**無愛想になれる力**」。

無愛想になれる自分で在《あ》ることで、人は「自分の人生」を生きることができるようになる。

無愛想になれない人の愛想の良さは、自分を犠牲にすることで生まれている。

その結果、周りの人には分からないところで多くのストレスや不平不満を溜めている。

愛想の良さが「報われる」のであれば、まだ良いのかもしれない。

しかし、その愛想の良さは報われない。

その愛想の良さは、自分を魅力的な人間にはしない。

無理に愛想を良くすることで、なぜか人から軽く扱われるようになる人がいるが、それは自分が自分を軽く扱っているからだ。

自分を軽く扱っている限り、人からも軽く扱われ続ける。


頑張っているのに、なぜか評価されない。

人との心の距離も縮まらない。

言いたいことが言えない。

心の底では嫌だと思っていても笑顔で承諾し、後で悔しい思いをする。

相手のお気に入りになるために自分を安売りする。

そういう人に必要なのは、無愛想になれる力。

無愛想になれる人だって、愛想を良くすることはある。

ただ、無愛想になれる人の愛想の良さと、無愛想になれない人の愛想の良さは違う。

無愛想になれる人の愛想の良さには「余裕」があるが、無愛想になれない人の愛想の良さには「恐怖」がある。


人から嫌われるのが怖い。

人からどう思われるかがすごく気になる。

人からの評価で自己評価が決まる。

その結果としての、愛想の良さ。


その愛想の良さは、自分の人生を好転させてはくれない。

むしろ、どんどん他人にコントロールされる人生を生きることになる。

無愛想になれない人は、どこか「他人軸」に生きていて、いつも他人のお気に入りになるために振る舞っているが、もうそんなことをする必要はない。

無愛想になれる力を手に入れて、自分の人生を生きていいのだ。


真に無愛想になれたとき、あなたは自信を取り戻すことができる。

自分の内側に力を感じることができる。

無愛想になれる力を身につけたとき、自分への深い信頼を取り戻し、心の底から笑うことができる自分で在ることに気づくはずだ。

自分への愛を取り戻したあなたは、心から優しい笑顔で愛を持って人と接することができるようになっている。

真に愛のある人間になるためには、無愛想になれる力が必要なのだ。

ぜひ、本書を通じて、

心の底から笑うための無愛想力

を手に入れてください。

池田　潤

目次

第01章

自分との付き合い方

第02章

他人との付き合い方

第03章

時間との付き合い方

第04章

仕事との付き合い方

第05章

夢との付き合い方

特別付録

7日間「無愛想」トレーニング

第01章

自分との付き合い方

人生が上手くいかないのは「無愛想」になれないから!?

なぜ、自分に自信が持てないのか？
なぜ、人生が上手くいかないのか？
なぜ、自分らしく生きることができないのか？
なぜ、仕事で思うような成果を上げられないのか？
なぜ、こんなにも人間関係で苦労するのか？
その根本的な原因は一体何なのか？

もしも、「**それは、無愛想になれないからだ**」と言われたら、あなたはどう感じるだろう。

多分、「そんなわけがない！」と感じるのではないだろうか。

「無愛想になんかなったら、大変なことになる！」「無愛想を勧めるなんて、どうかしている！」など。

そういう気持ちになるのではないかと思う。

しかし、本書では、「無愛想になることで人生は上手くいく」という、普通では考えられないようなことをお伝えしていく。

「無愛想になるなんて、ありえない」

そう思う人ほど、ぜひとも本書を最後まで読んでほしい。

無愛想になることには、実はすごく深い意味がある。
無愛想になるとは、
自分を愛するということ。
自分に正直になるということ。
自分を責めないということ。
自分を大切にするということ。
自分の好き嫌いをはっきりさせるということ。

自己評価が高いということ。

自分の存在に自信を持っているということ。

他人基準ではなく自分基準で生きるということ。

愛されることより愛することを望むということ。

無愛想になることには、そういう意味がある。


私は昔、愛想の良い人間として生きていた。

その当時は自分を責め、否定していたし、他人から嫌われることが怖かった。

自分のことを愛しておらず、いつも他人基準で物事を考えて生きていた。

色んなことを勉強しても、頭で理解するだけで、結局、根本のところでは自分に自信を持つことはできなかった。


そんな私の人生が変わり始めたのは、何と、無愛想になることを自分に許可し始めたときからだ。

初めは、無愛想になることには勇気が必要だった。

無愛想になるより、愛想笑いをしている方が楽だった。

でも、いつもそうやって生きていたからこそ人生は変わらなかったのだ。

勇気を持って無愛想になることを許可したときから私の人生は変わった。

本書では、無愛想になることを勧めるという、世間で言われている「笑顔になりましょう」という提案とは正反対の提案をしていきたいと思う。

無愛想になるとは、自分を愛するということ

なぜ、無愛想になると上手くいくのか？

世間一般では、無愛想な人とはどういう人だと考えられているか。

無愛想について考えるために、そもそも「愛想が良い」とはどういうことか？　を考えてみたい。

「愛想が良い」と言われてイメージする人は、どんな人だろうか。

人に好感を持ってもらえる表情や態度で接し、決して人を不快にさせない。

いつも笑顔で、物腰が柔らかくて、怒ったりしない。

相手のことを第一に考えていて、自分勝手なことなどせず、空気を読むのもすごく上手。

そういう人をイメージするのではないかと思う。

ということは、無愛想な人とはどういう人だろう。

人に好感を持たれるよう努力しておらず、人を不快にさせることだってあるし、いつも笑顔ではなく、怒ることだってある。

自分のことを優先することもあるし、自分勝手なところもあり、空気だって読まない。

愛想の良い人の反対が無愛想な人だとすれば、そういう人たちが無愛想な人だと言えそうだ。


さて、私はこれまで1万人以上の悩み相談に乗ってきた。

その経験の中でハッキリと言えることがある。

それは、**悩んでいる人のほとんどが「愛想の良い人」だった**ということだ。

「愛想が良いか？　無愛想か？」

と問われたら、ほとんどの人が「愛想の良い人」に属する人たちだった。

私は不思議だった。

なぜこんなことが起こるのか？

悩み相談に訪れる人たちはみんな「いい人」だ。

人のことも考えられるし、空気も読める。

会っていて、悪い印象を受けることもない。

けれど、本人は悩んでいる。

自分に自信が持てない。やりたいことが分からない。

恋愛が上手くいかない。人間関係が上手くいかない。

表面上はこの社会を「上手に生きている」ように見えても、内心には不満や不安、自信のなさがある。

「いい人」ほど、悩んでいる。

それが現実だった。


逆に、**無愛想な人たちはあまり悩んでいない**ことが多かった。

無愛想な人ほど、淡々と好きなことに打ち込んでいた。

愛想の良い人にとっては、無愛想になることなどありえないことだ。

しかし、実はそれが「ありえない」と思っているからこそ悩み続けている。

ずっと悩み、苦しみ、現実が変わらないのは、その「ありえない」が「ありえない」からこそなのだ。

1万人と向き合う中で分かったことは、「ありえない」と思っていることに許可を出したときにこそ、人は変わっていくということだった。

「いい人」ほど、悩んでいる

愛想が良すぎる人は、恐れている

愛想の良い人たちは、基本的に「相手のこと」を考えている。

小さい頃から「他人のことを考えなさい」と言われてきたし、学校でも空気を読むことが大事だとされた。

あまり人とは違ったことをしていると、仲間外れにされてしまう。

一人になることは、つらいことだ。

だから、自分を優先したり自分がしたいことをしたりするよりも、周りに合わせることを大事にしてきた。

愛想の良い人たちは、そんな人たち。

私だってそうだった。

というか、私はその典型。

いや、むしろ極端に愛想が良い方に偏《かたよ》った人間だった。


当時の私もそうだったが、愛想の良い人たちは「相手のこと」を考えている。

相手がどう思っているか。自分がこんなことをしたら相手はどう思うか。

相手がどう思うか？　をまず最初に考える。

そう聞くとすごく優しい人のように聞こえる。

もちろん、実際に優しい部分もある。

ただ、実は、「相手に嫌われないようにすることを考えている」という部分もかなり大きいのだ。


愛想が良い人は、**嫌われるのが怖くて愛想を良くしている**ことが多い。

愛想が良い人が悩みやすいのは、それが大きな原因になっている。

人に嫌われるのが怖い。

人からどう思われるかがすごく気になる。

他人からの評価によって自分の評価が決まる。

空気を読みすぎて、自分を犠牲にしてしまう。

「他人がどうであるか」が、大きく自分の行動に影響してしまう。

その結果、自分がしたいことができない。言いたいことが言えない。我慢してしまう。怒れない。オープンになれない。

愛想が良い人の「愛想が良い理由」を探っていくと、そんな「他人がどう思うかにすごく影響されやすい」部分が見えてくる。

それこそが、愛想が良い人が悩みを抱える大きな原因なのだ。


私が「無愛想になろう」とこの本で伝えている理由もここにある。

無愛想になるとは、**他人がどう思うかではなく自分がどうしたいかを大事にする、**ということだ。

世の中には、同じようなことを伝えている本もある。

しかし、じゃあ実際にどうすればいいのか？　どうすればそうなれるのか？　についてはあまり触れられていなかったりする。

この本でお伝えする方法は、いたってシンプルだ。

無愛想になる。

ただそれだけでいい。

それだけで、自分に自信が持てるようになり、人間関係も良くなり、人生は良い方に変わっていく。

■愛想が良い人は、嫌われるのが怖くて愛想を良くしている

無愛想という「在り方」

私は今、人の心と向き合うことを仕事にしている。

仕事の発端《ほったん》となったのは、京大時代に書き始めた勉強法ブログ。無料でアメブロに記事を書き続けていったところ、それが人気となり、仕事になった。

学生時代に起業した、という形になる。

仕事の方は順調で、20代で最高月商1000万円を超えることもできた。

おかげ様で勉強法に関する本を24歳のときに出版させていただき、それがベストセラーにもなった。

ただ自分のやりたいことが受験指導ではなく、人の心と向き合うことだと気づいた今は、受験指導は行っておらず、メンタルトレーニングや本やブログなどの執筆をメインとして活動している。

世間一般の言い方で言えば、コーチ、カウンセラー、トレーナーと呼ばれる部類に属する仕事をしていることになるのだろう。

相談に乗ってきた人数は、気づけば1万人を超えていた。

本はこの本を含め5冊出版し、ブログ、メルマガは8年間書き続けている。

そんな私がこれまでずっとやってきたことは、人の心と向き合うこと。

毎日毎日、メールやスカイプ、対面で人の悩みと向き合ってきた。

そんな中で、「無愛想になったら、みんなもっと良くなれる」と、よく思っていた。

先ほども書いたが、無愛想になるとは他人がどう思うかよりも自分がどうしたいかを大事にするということ。

つまりは、**もっと自分を大事にする**、ということだ。

実は、本書の中で「無愛想になる」というとき、それはもちろん実際に無愛想な表情をするということでもある。

ただ、それだけでなく、伝えたいのは、無愛想で「在る」ことだ。

無愛想という「在り方」を身につけていただくことが本書の目的と言ってもいい。

無愛想になるという「やり方」と、無愛想で在るという「在り方」の二つを身につけてほしいと思っている。

そうすれば、間違いなく人生は良くなる。

無愛想で「在る」とは、どういうことか。

自分の好きなように生きる。

自分基準で生きる。

嫌なものには嫌と言う。

余計な罪悪感なく生きる。

他人からの承認に執着しない。

自分を愛し、他人を愛する。

そうやって生きていくということが、無愛想で「在る」ということだ。

無愛想という「やり方」と「在り方」を身につけることで、あなたの人生は必ず良くなる。

無愛想という「やり方」と「在り方」を身につける

人生の最優先事項は、嫌われないことだった

私はずっと、典型的な「いい人」だった。
自分でも笑ってしまうくらい、すごくいい人だったと思う。
基本的に「ノー」は言えない。
二次会があったら、どれだけ行きたくなくても断れずに付いて行く。
バカにされても、ニヤニヤする。
言いたいことがあっても、グッと我慢する。
我慢の限界がきたら、相手から離れる。向き合う勇気がないから。
自分を嫌いそうな人には一切近づかない。
自分から好きだなんてことは言わない。
相手が好きになってくれたら、好きになる。

人と違う意見なんて、言わない。

空気を読んでみんなに合わせる。

ずっと、そうやって生きてきた。

でも、心の中ではずっと不満だった。

どこかモヤモヤしていたし、自分に自信も持てなかった。

振り返ってみて分かったことは、私はいつも、**周りに左右されながら生きていた**ということだ。

自分がこう生きたい！　ということではなく、周りのことを第一に考え、周りの空気を読んで、周りに合わせながら生きていた。


そんな生き方をするようになったのは、小学校5年生の頃からだという自覚がハッキリと私にはある。

小学校5年生のときにいじめられたのだ。

その当時はそれなりに大変だったが、今となっては多くを学ばせてもらえた経験だったなと思っている。

その頃から私は、自分と向き合うようになった。

本を読み始めたのもその頃からだ。

当時、こんな問いを自分の中に持っていた。

「なんで俺は、嫌われたのだろう？」

嫌われるのが嫌になった私は、そこから嫌われないために生きるようになる。

人生の最優先事項は、嫌われないこと。

小学生や中学生というのは学校しか行き場がないわけだから、そこで嫌われるということは居場所を失うことを意味する。

だから、必死で嫌われないように生きた。

愛想笑いを欠かさず、人のご機嫌を損《そこ》ねないように生きた。

しかし、その結果、**私は自分自身を見失っていった**。

嫌われないために生きているのに嫌われたし、好かれたとしても全然安心できなかった。

当時は、「これだけ頑張っているのになぜ？」と思ったものだが、要は、そうやって頑張っていたからこそ上手くいかなかったのだ。

私が嫌われないことを最優先にして生きた結果学んだことは、嫌われないことを最優先にすれば人生は上手くいかない、ということだった。

■嫌われないことを最優先にすれば、人生は上手くいかない

理想の現実を手に入れる方法

小学校5年生の頃からあれこれと考えながら生きていたのだが、高校2年生の頃から、ようやく自分に自信が持てるようになってきた。

丸5年かかって、やっと光が見えてきた。

自分を信じる気持ちが芽生え始めた私は、自分に大きな目標を与えてやろうと思うようになる。

高校2年生の冬のことだ。

テレビではセンター試験の話題が取り上げられ、少しだけ受験のことを気にし始めた頃のことだった。

いつものように本屋に行って本を物色していた私は、とある勉強法の本を目にする。

そのとき初めて世の中に「勉強法」なるものが存在することを知った私は、半端《はんぱ》ではない衝撃を受けることになる。

「こんな方法があったのか…」

そして、こう思うようになる。

「勉強法を変えれば、今よりも成績を上げられるかもしれない」

そこで私は、一大決心をした。

「よし、京都大学を目指そう」

自分のことを信じ始め、人とは違う道を進むことも厭《いと》わないようになってきていた私は、成績からすれば無謀とも言える超難関大学を目指すことを決意した。


当然、成績は全く足りない。

学校の先生にも、何度も止められた。

止められるだけでなく、数学の先生にはこれみよがしに否定され、ねちねちと嫌味を言われた。

数学では京大を目指す人だけが入れる特別クラスの授業があったのだが、私はそのクラスで出題される問題を、1問たりとも解くことができなかった。

1年間で1問もだ。誇張ではなく、事実である。

そんな状況の中で、「池田は…ふん、解けないよなあ」と、鼻で笑われる扱いを受けることになった。今思えば、仕方ないことだと思うが。

以前の私だったらその時点で諦めていたに違いないし、そのクラスにいること自体が嫌になって、京大を目指すのもやめていたと思う。

しかし、私は図々しくそのクラスに居続けた。解けないものはしょうがない。これから解けるようになればいい。というか、最初から解けるならこのクラスにいる必要はないだろう？　などと思っていた。

結局、一浪はしたものの、なんとか京大法学部に合格することができた。


合格することができたのは、周りの声や評判や評価というものを一切無視したからだ。


もしも周りの声を気にしていたら、私は受験することなく京大を諦めていた。

対人関係においても、人生の選択においても、大事なのは周りがどうこうよりも「自分がどうしたいか」を判断基準にできるかどうか。自分が自分の人生の主役で居続けることができるかどうかだ。

無愛想になるとは、自分が人生の舵《かじ》を握るということに他ならない。

■無愛想になるとは、自分が「人生の舵を握る」ということ

好かれようと頑張らなくなると、上手くいく

愛想を良くして好かれようと頑張る人は、なぜそうやって頑張ってしまうのだろうか？

私自身、どうしても好かれようと頑張ってしまう自分のことについて、よく考えた。

その結果分かったことは、自分の心の奥底で自分が自分をどう思っているかが関係している、ということだった。

心の奥底で自分のことをどういう存在であると思っているか？

そこが、根本的な原因だったのだ。

もう少し分かりやすく説明しよう。

私は小学5年生になるまでは、何も考えずにごく普通に生きていた。

しかし、いじめられてから、自分のことをこう認識するようになる。

「自分は普通に生きていたら、嫌われる存在なんだ」

すると、こういう結論になる。

「嫌われないために、努力しよう」

不安や恐怖が強くなったのは、その頃からだ。

その頃から、どこか本来の自分とは違うことをするようになっていった。

世の中には、「どうすれば好かれるか?」「どうすれば愛されるか?」「どうすればモテるか?」という情報がたくさん存在する。

そして、昔の私のように、自分は普通にしていたら嫌われる、とどこかで思っている人はそういう情報を欲する。

「**嫌われず好かれるための鎧《よろい》**」が欲しくなるのだ。

しかし、そういった情報を得たところで、好かれもしなければ愛されもせず、悩み続ける人は多い。

なぜか?

それは、根本的な自己認識が変わっていないからだ。

そういった鎧を与えてくれる情報が「欲しくなっている」時点で、「自分は普通にしていたらダメ」という認識を持っていることになる。

その自己認識を持っているということこそが、上手くいかない最大の原因なのだ。

鎧を与えてくれる情報を求めれば求めるほど上手くいかなくなるという皮肉な現実がそこにある。


世の中の情報の多くは、人のコンプレックスを刺激するものだ。

しかし、そのコンプレックスを外の何かで埋めようとしたところで、埋まらない。

コンプレックスは外の何かで埋まるものではなく、自分の自己認識を変えることで埋まるものなのだ。

自分の自己認識に対するアプローチをしないままに外側だけを変えようとしても、本当の意味で自分を変えることはできない。

無愛想という「やり方」と「在り方」を身につけるということは、自己認識を変えていくということ。

無愛想になるということこそが、自分に自信を持ち、自分らしい人生を生きるための最も有効なアプローチになるのだ。

■世の中の情報の多くは、人のコンプレックスを刺激する

お人好し引退宣言

あるとき、メールが届いた。

私が運営するメンタルジム「イケジュンジム」、通称「イケジム」に参加している男性メンバーからのメールだった。

「今まで周りの人に嫌われたくなくてお人好しを演じていましたが、ここ1ヶ月、それをやめてみました」

という趣旨のメールだった。

その後には、お人好しをやめることでどれだけ現実が変わったのか、ということが書き綴《つづ》られていた。

仕事場ではなぜか尊重され、大切な存在として扱われるようになった。

仕事が忙しく大変なときは、自分は何も言っていないのに、

「大変そうですね。お手伝いしましょうか？」
と言われるようになったという。
それまで必死に周りに良い印象を持ってもらおうとお人好しを演じていたときには
全くそんなことは起こらなかったそうだ。
今までは、からかわれる、軽く扱われる、ないがしろにされる、ナメられる、出し
抜かれるなど、本当にロクなことがなかったという。
女性からも、大切な存在として扱われることはなかったそうだ。
周りに気を遣い、必死に愛想笑いをして周りのために自分を下げて努力していたに
もかかわらず。
その努力は全く報われることはなく、むしろ事態は悪化していった。
事態が変わったのは、そういった努力を全て手放したときだった。

無理な愛想笑いをやめる。
お人好しをやめる。
まずは自分が自分を大切にする。

周りに気に入ってもらおうとしない。

気に入られなくても構わないと思う。

そうやって、これまでの努力を手放し、全く逆のことを実践する。

周りに大切に扱ってもらいたいなら、自分が自分を大切に扱う。

周りから大切に扱われたら自分は大切な存在だと思える、という在り方では、周りから大切に扱われることはない。

自分が自分を大切に扱ったときに初めて、人からも大切に扱われるのだ。

人から軽く扱われるのは、自分が自分を軽く扱っているからだ。

その自分に対する自分の扱いを変えていないのに、必死に媚《こ》びを売って周りに気に入ってもらおうとしても、周りをコントロールしようとしても、できない。

その努力は報われることはない。

コントロールできるのは、自分の在り方だけ。

周りをコントロールしようというその在り方が、周りに変化を起こせない原因であることに気づくこと。自分の在り方、自分が自分をどう扱うかを変えることで、結果的に、周りに変化を起こすことができる。

■周りに大切に扱ってもらいたいなら、自分が自分を大切に扱うこと

無愛想になることで手に入るもの

無愛想になってみると、面白いことが起こる。
なぜか、自分に自信が湧いてくるのだ。
ぜひ、次に挙げることをやってみてほしい。
「それはないな〜」と思うことほど、実はやってみると効果がある。

- 軽く扱われたときは、不機嫌になる
- 返信する気がしないメッセージは遠慮なく既読スルーする
- 相手の話が面白くないときは笑わない
- 相手のご機嫌を取るようなことは言わない
- 相手の期待に応えない

・行きたくないところには行かない
・「相手に悪いから」という理由でやっていたことをやめる
・実は言いたかったことを言う
・遠慮なく、やりたかったことをやる
・他人から否定されても、それでもやる
・媚びない、ペコペコしない、下手《したて》に出ない

これらは「やり方」だが、大事なのは、これらが**「内面に変化を起こすアプローチ」**であると知っておくことだ。

前述したことをやっていると、だんだんと「自分は自分を大切にできる人間だ」「普通にしてていいんだ」「自分の思ったことをやっていいんだ」という内面的感覚が生まれるようになる。

そう思えるようになることが大事なこと。

自分の内側に変化を起こすために無愛想になってみるのだ。

外側の現実的行動をそうやって変化させていくことで、だんだん内面の自己認識に

変化が起こってくる。

セルフイメージや自己概念が上がってくるのだ。

別の項でも書いた通り、自分の内側の自己認識が変わっていかない限り、人は現実に変化を起こせない。

外側の鎧を分厚くすることばかりに躍起《やっき》になっていると、根本的な解決にはならない。

さらに分厚い鎧を欲しがるようになるだけだ。

そうして、手に入ったのは鎧だけで、本当に手に入れたかったものは手に入らないままになる。

そうならないためにも、無愛想になるという現実的アプローチを取ることで、自分の内面に変化を起こしていく。

内面の変化を起こすために現実的行動を変化させていくのだ。

無愛想になろう、というのはそういうこと。

自信のある人だったら、こうする。

自分を大切にできる人だったら、こうする。
自分にすでに力があるとしたら、こうする。
そういった現実的行動を実際に取ることで、内面の自己認識に変化を与える。
その内面の変化が全ての行動を変えていくのだ。

■外側の現実的行動を変化させると、内側の自己認識に変化が起きる

自分を嫌いになる選択をやめる

言いたいことの一つも言えない。

人からひんしゅくを買うようなことの一つもできない。

真面目で在りたいわけでもないのに、真面目に生きてしまう。

ついつい人にいい顔をしてしまう。

行きたくもないところに行って、楽しくもないのに楽しいフリをする。

嫌いなのに好きなフリをする。無愛想になることもできない。

なぜか？

それは、他人に嫌われるよりも、自分に嫌われることを選択しているからだ。

自分をないがしろにして、自分を犠牲にして、愛想笑いをしていた方が、楽だからだ。

我慢することはつらいこと。

なのになぜ今、我慢しているのか？

自分を犠牲にするのはつらいこと。

なのになぜ今、自分を犠牲にしているのか？

我慢するのがつらいのならば、自分を犠牲にするのがつらいのならば、今すぐやめればいい。

なのになぜ、やめられないのか？

我慢をやめ、自分を犠牲にすることをやめることで起こり得ることが怖いから。

つまり、他人から嫌われてしまうことが怖いからだ。

他人から嫌われるくらいだったら、自分基準を捨てて、我慢して、自分を犠牲にして、歯を食いしばっている方がマシ。

だから、今この瞬間、自分を犠牲にしている。

愛想笑いをして、自分ではなく他人のご機嫌ばかり取っている。

それだけ他人から嫌われることを怖れている。

自分基準で生きるとは、他人から低く評価される恐れがある、ということでもある。

自分基準で生きるとは、他人の「基準」に合わせない、ということだからだ。

世の中には自分の基準を押し付けたい人が山ほどいるが、そういう人を無視するということが自分基準で生きるということに他ならない。

中には、実際にすでに自分が生きたいように生きているにもかかわらず、本気でそれを楽しめない人がいる。

実際にすでに自分が生きたいように生きているにもかかわらず、そこに強い罪悪感を持っている人がいる。

それは、頭の中に「他人」がいるからだ。

頭の中の他人がいつだって自分を監視していて、自分が好きに生きていると「それじゃダメだぞ！」と言ってくる。

そういう頭の中に住む他人の声に無愛想になること。

自分の生き方に罪悪感を持たないこと。

他人から低く評価されることを恐れずに、自分基準で生きること。
それが、自分の人生を生きるということなのだ。

■他人から低く評価されることを恐れない

第
02
章

他人との付き合い方

第一印象は悪い方がいい

一般的に、「第一印象が大事！」と言われる。

第一印象を良くすれば良くするほど素晴らしい。なぜなら、いったん受け入れられた第一印象はなかなか覆《くつがえ》すことができないから。

多くの本にはそう書かれているようで、第一印象を良くしようと努力する人は多い。

しかし、あえてその主張に「ノー」を言いたいと思う。

第一印象が良ければ良いほど人生が上手くいくというのは嘘なのではないかと、私は思っている。

「何をバカな！」と思うだろうか。

そう思うのも仕方がないが、少しだけ話を聞いてほしい。

もちろん、自然に印象が良くなることは悪いことではない。

ただ、必要以上に良くしようとしたり、背伸びをしたりしても何の意味もないばかりか、むしろ悪影響を与えることになる。


第一印象が良ければ良いほど、人はその人を良い人だと思う。

その人は悪いことなどせず、清廉潔白《せいれんけっぱく》な人間に見える。

そうすると、何が起こるか。

その後、そのイメージを保つために懸命な努力をしなければならなくなる。

もしも少しでもほころびが出たら、一気に評価は下がってしまう。

第一印象が良ければ良いほど、評価の下がり方は大きくなる。

逆に、第一印象が悪い場合はどうか。

第一印象が悪い人は、そもそも期待されない。

期待されないから、ほころぶも何も、ひんしゅくを買うようなことをしても咎《とが》められないし、評価が下がることもない。

逆に、少しでも良いことをすれば大きく評価される。

今、世間からバッシングを浴びている有名人は、第一印象を良くしようと懸命に努力してきた人たちではないだろうか。

しかし、その努力はいつまでも続けられるものではなく、ふと気が緩んだときについ出てしまった自分の一部の姿を叩かれているのではないだろうか。

逆に、今活躍している人たちは、無理に印象を良くしようと努力せず、悪いところも晒《さら》け出して自然体で生きているように見える。

そう考えると、第一印象を良くすることで人生が上手くいくと考えるのは、あまりにも表面的で短期的な人間関係しか頭にないからではないかと思う。

無愛想に生きるとは、自然体で生きるということ。

無愛想な人は、第一印象は良くない。そもそも良くしようなどと考えていないから当然だ。無理に良い印象を与えようとするのではなく、「自分はこんな人間です」と地を晒してしまう。

良い印象を与えることよりも、自分自身でいることを大事にする。

それが、無愛想で生きるということだ。

愛想を良くしてビクビクしながら生きるよりも、無愛想になって堂々と生きた方がよっぽど楽しい人生になる。

良い印象を与えることよりも、自分自身でいることを大事にする

期待されないって、最高だ

「あの人は期待されている」と聞いたとき、羨《うらや》ましいと感じるだろうか？
私はあまり、羨ましいとは思わない。
期待される、というのはそれほど良いことではないのではないかと思う。
期待はすぐに、失望に変わるからだ。

私が受験生の頃、母親は私に対して一度たりとも勉強しろと言ったことがなかった。
勉強を強制されたこともないし、何かを期待されていると感じたこともない。
現役時代、受験に失敗し浪人すると決まったときだって、何も言われなかった。
受験に失敗したことで失望されることもなかった。
そもそもうちの母親は「子供の人生は子供の人生なのだから、好きにすればいい」

というスタンスを貫いていた。

だから、期待していることなどなにもない。期待されていることがあるとすれば、ただ元気でいることくらいのものだった。

特別な期待もないから、失望されることもない。

人は期待すればするほど、他人がその期待に応えてくれなかったとき、勝手に失望する。

勝手に期待して、勝手に失望して、期待に応えなかった相手をダメな奴扱いする。

勝手に期待したのは、自分だというのに。

母親が自分に特別なことを期待するのではなく、いつも自分がすることを見守ってくれていたことは、すごくありがたいことだった。

私が「京大を中退する」と言ったときも、「好きにしなさい」の一言だけだった。

「本を出版する」と言ったときも、「おめでとう」だけだった。

「ベストセラーになった」と報告したときも「すごいじゃない」だけだった。

何かができるとかできないとか、そんなところではなく、**「自分の存在それ自体」をいつも見てくれていた**のだ。

あなたが今、誰からも期待されていないとしたら、それは素晴らしいことだ。

誰からも期待されていないのだから、好き勝手に生きればいい。

期待されていないことで落ち込む必要など一切ない。

もしあなたが誰かに期待されていて、その期待に押しつぶされそうなら、そんな期待に応える必要はない。

あなたの人生は、あなたのものだ。

勝手にこちらに期待して勝手に失望するような人からは、とっとと失望されてしまった方がいい。

自分が自由に人生を選択し、自分の意思で生きることを喜んでくれない人の期待なんか、クソみたいなものだ。

おっと、勢い余って言いすぎた。失敬。

しかし実際、単に自分に都合が良いように他人をコントロールしたいとか、自分の価値観を人に押し付けているだけにすぎないことが多いのだ。

そんな期待なんぞ、さっさと脱ぎ捨ててしまえばいい。

期待はすぐに、失望に変わる

愛想笑いは「不感症」を生む

よく、「いつも笑顔でいましょう」ということが言われる。

確かに、いつも笑顔でいられたら素晴らしいし、そんな社会になればいいと思う。

ただ、同時に、生きていれば悲しいこともつらいこともあるのが現実だ。

私が小学校時代にいじめられたとき、「いつも笑顔で」という教えを守ろうとして、一切怒りを表現しなかった。

悲しみも、つらさも、表現しなかった。

すると、いじめはエスカレートしていった。

それでも、親にも先生にも言えなかった。いつも笑顔でいようと努力した。

そうすればいつか、現実は良くなると思っていたからだ。

笑顔でいればみんなに好かれ愛され、仲良くしてもらえると信じていた。

しかし、事態は一向に良くはならなかった。

いつも笑顔でいようとすると、怒りや悲しみ、寂しさといった俗に「ネガティブ」だとされる感情を無視するようになる。

そういった感情を持つこと自体を、許せなくなってくる。

そんな感情を持ってしまえば、「いつも笑顔で」という教えを守れなくなってしまうと怖れるからだ。

すると、様々な感情が抑圧されていくことになる。

どんどん感情を感じることができなくなり、「不感症」になっていく。

そもそも感情を感じないようにすることで自分を守ろうとするのだ。

しかし、それが果たして本当に良いことなのか？

「いつも笑顔で明るく元気でいなければならない」と教え、自然な感情を抑圧させ、不感症にさせることが果たして本当に良いことなのか？

私はそうは思わない。

怒ってもいい。泣いてもいい。寂しくてもいい。つらいと思ってもいい。

そんな感情を感じるのが、人間というもの。

人としての自然な感情に罪悪感など持たなくていい。

いつも笑顔でと言われたら、怒ったり泣いたりすることに罪悪感を持つことになりかねない。

そんな罪悪感は必要ない。

いつも笑顔じゃなくていいんだよと言ってあげて初めて、人は心の底から笑うことができる。

本当に笑顔になるためには、笑顔になれない自分を愛してあげることが必要なのだ。

笑顔でいなくちゃダメだよと教えるから、心の底から笑えない人が増えていく。

笑っているようで笑っていない、不感症の人が増えていく。

愛想良く笑っている必要はない。

私たちは、無愛想でいたっていいのだ。

そう許可したときにこそ、本当に笑うことができる。

本当に笑顔になるには、笑顔になれない自分を愛してあげること

いつも笑顔でいなくてもいい

昔いじめられていたという話をすると、「どうやっていじめは終わったんですか？」と聞かれることがある。

いじめられた当初は、カバンを投げつけられたり、何を言ってもガン無視されたり、遠くから罵《ば》詈《り》雑《ぞう》言《ごん》を浴びせられたりしようとも強気に笑顔で振る舞っていた。

1ヶ月くらいは粘っただろうか。

しかし、ついに「今日はお腹が痛いから」と母親に嘘をついて休むようになった。

嘘をついて休む日が1週間くらい続いた頃、さすがに母親が「これはおかしい」と気づき、担任の先生に電話をした。

担任も何かしらの異変は感じていたようで、私は学校に呼び出されることになった。

呼び出されたときも私は強気で、笑顔でいようと思っていた。

しかし、呼び出された教室に行ってみると、何とそこには自分をいじめた子たちがズラリと並んでいた。

先生は、私といじめていた子たちの話し合いの場を設けたのだ。

正直かなり戸惑ったが、もうその場にいるのだから話し合うしかない。

先生が「何があったのか、言いなさい」と言った。

いじめた子たちがいる前で、何があったのか、そのときどういう気持ちだったかを語り始めた。

語り始めたとたん、私の目から涙がこぼれた。

どんどん涙が出てくる。

止めようにも、止められなかった。

これまで一人で抱え込み続けてきた思いが、溢れ出る。

これ以上は泣けない、というくらいに涙を流した。

言葉にならない嗚咽《おえつ》。

あれだけ人前で泣いたのは、初めてだった。

悲しい。寂しい。つらい。

そのありったけの思いが、溢れ出てきた。

気づけば、私をいじめていた子たちも、泣いていた。

いつも強気で笑顔だった私が、実は傷ついていたこと。

実は、すごくつらかったこと。

いじめていた子は、それまで私の気持ちなど分からなかったのだろう。

なぜなら、私はいつも笑顔だったからだ。

しかし、本当は傷ついていた。

彼らは人間が心の底から悲しみを表現している姿を見て、自分たちがやってきたことの重みに初めて気づいたのだと思う。

そのときから、いじめられることは一切なくなった。

それ以来、私は彼らにいじめられたことがない。

むしろ仲が良く、今でも結婚式に呼ばれるほどだ。

そのとき私は、自分の素直な気持ちを表現することの大切さを知った。

自分の気持ちを正直に話したとき、いじめは終わった

悲しみを否定した笑顔は、美しくない

無愛想を勧めているが、私自身いついかなるときでも無愛想でいるわけではない。

大事なことは、無愛想に「なれる」自分で在ることだ。

社会で生きていくにあたって、愛想が必要になることもあるだろう。特に接客業などでは愛想を良くすることは大事なことだと思う。

ただ、無愛想に「なれる」ことは生きていく上で非常に大事なことであり、無愛想になれる人はなれない人に比べ、日々の精神的ストレスも圧倒的に少ない。

嫌なことをされているにもかかわらず、笑顔でいる。

そうやって我慢して、自分が犠牲になって、つらいことにも耐え続けることで人生は好転するのか？

もしも私が、すごく傷ついているのに「全然大丈夫だよ」とニコニコ笑っていたら、いじめはさらにエスカレートしていたかもしれない。

いじめている子たちは、自分が何をやっているのかに気づかず、他の場所でも誰かをいじめるような人間になっていたかもしれない。

人の痛みや悲しさに寄り添えない人になっていたかもしれない。

どんなときも笑顔でいましょうなんて無理だし、有害ですらある。

私が心の底から涙を流す姿を見て、彼らは自分が何をしていたのかに気づいた。

それは、先生に「いじめはいけませんよ」と教えられたとかそんなレベルの話ではない。

理屈とかではなく、腹の底から「これはいけないことなのだ」と感じたのだと思う。

そもそも、いじめはいけないなんて、教えるようなことではないのだ。

そんなことは、人間は教えられずとも知っている。

しかし、なぜそれが分からない人が多いのか？

それは、**悲しみを表現することが許されていないから**だ。

悲しみや寂しさは恥ずかしい感情で、抑えつけなければならないものだとされているからだ。

悲しみを表現させないから、悲しませることをしている人間がいつまで経っても自分がしていることの重みに気づかない。

人間の感情と本気で向き合わせないから、人のことに無関心だったり、人の気持ちを感じられなかったりする人間が育っていく。

悲しいことは、悪いことか？

寂しいことは、悪いことか？

そんなことはない。

悲しみや寂しさといった人間の自然な感情を否定した笑顔が、美しい笑顔だと言えるかと言えば、私は、そうは思わない。

悲しみや寂しさといった感情とも向き合い、受け入れた上で、笑えること。

そのときの笑顔こそが一番美しいと、私は思う。

人間の感情に向き合わせないから、人に無関心になっていく

嫌う人にあなたを嫌う理由があるだけ

人は、自分が自分に許していないことを臆面もなくする人を嫌う。

自分が前に出ることを許可していない人は、どんどん自分に許可を出して前に出ていく人を嫌う。

お金を稼ぐことに罪悪感があり許可を出せない人は、お金をガンガン稼いで人生を謳《おう》歌《か》している人を嫌う。

異性が大好きだけど我慢し続けている人は、異性と楽しく遊んでいる人を嫌う。

人に怒ることを許可していない人は、人に怒る人を嫌う。

文章を書きたいけれど「自分なんて」と思って書かない人は、文章を書いている人に「あんなの大したことない」と言う。

仲間とワイワイ楽しむことを許可していない人は、「あんなの寂しい奴らの集まりさ」と言う。

結局、**誰かが誰かを嫌うのは、嫌う側に嫌う理由がある**のだ。

そう考えたら、嫌われないために自分を抑えつけることがどれだけ不毛なことか分かるのではないだろうか。

嫌われないために何かをするとかしないとか、そんなことは不毛なことだ。

なぜならそれは、コントロール不能な相手の問題だからだ。

もちろん、そう言われたところで、なかなか嫌われてもいいとは思えないかもしれない。

それでも、知っておいてほしい。

誰かが誰かを嫌うのは、嫌いになる側にそうする理由があるということを。

それを知っているだけで、ずいぶんと心が楽になるはずだ。

あなたが何か活動したり動き始めたりすると、誰かがヤイヤイ言ってくるかもしれない。

「あんた、誰？」と言いたくなるような人が、絡《から》んでくるかもしれない。

絡まれるのは、あなたに理由があるというよりも、相手にあなたを敵視する理由があるということだ。

そんな人を相手にしている時間はない。

その人をどれだけ説得しようとしても、分かってもらおうとしても、無駄だ。

もし説得できるとしたら、もし分かってもらえるとしたら、あなたがあなた自身を犠牲にしたときだけだ。

そういう人に分かってもらうとは、自分を犠牲にして自分がやりたいことを我慢するということに他ならない。

あなたが自分を犠牲にしておとなしくなったら、彼らもおとなしくなるだろう。


でも、本当にそれでいいのか？

あなたが自分を良くしよう、現実を変えようと思ったときに直面するのは、「嫌われるべき人に嫌われることができるか」ということだ。

それができれば、あなたは飛躍《ひやく》できる。

つまり、嫌われるべき人にちゃんと無愛想になることができたとき、あなたは現実を変えることができるのだ。

だから、さっさと嫌われてしまおう。

嫌われるべき人には、さっさと嫌われてしまおう

周囲の人が自分の「過去」しか見てくれないとしても

人生を生きていく上で、自分の周囲にいる人は大きな影響力を持つ。

そういう人から、いつも否定ばかりされて自分の力を信じてもらえなければ、自分には力がないのだと思うようになっても仕方ない。

いつも価値がない存在として扱われ続けていれば、本当に自分には価値がないのだと思い込んでしまいかねない。

逆に、自分の力を信じてくれて、自分の力を伸ばそうとしてくれて、愛のある姿勢で接してもらえれば、自分には力も価値もあるのだと感じやすくなる。

ただ、ここでは現実的な話をしたい。

現実問題として、周囲に自分の可能性を信じてくれる人が存在しない場合だってあるだろう。

むしろ、そういうことの方が多いかもしれない。

身近な人こそが自分のことを信じてくれない、ということだってあり得る。

誰もが自分を心から応援してくれればいいが、そうでないこともある。

そういうとき、周囲の人は自分の「過去」しか見てくれない。

「お前は今までそうだったんだから、これからもそうだ」

という姿勢で接してくるだろう。

あなたが何か新しいことにチャレンジしたり、新しい未来を描いたりしても、いつも過去を持ち出してくるはずだ。

過去の自分と今の自分は違うのに、未来の自分は違うのに、いつまでも過去を持ち出してくるだろう。

それは愚かなことであるが、だからといって他人を恨んでも仕方ない。

他人のせいにしても仕方ない。

こういうことを書くと、「そうだ、他人が自分の過去ばかり見るからいけないんだ。

あいつが変われば自分も変われるのに」と考える人が必ず出てくる。

変われない自分を他人のせいにするようになるのだ。

こういった知識を、他人が間違っていて、自分が変われないのは周囲の人のせいで、周囲の人の知識や理解が浅いせいなのだと考えるために利用する。

私はそういう人に「言い訳」を与えたいがためにこの文章を書いているのではない。

大事なことは、**「では、自分はどうするか？」**だ。

変えられない他人にフォーカスして他人を責めるのではなく、そこで自分はどうするか？　について考えよう。


大事なことは、過去しか見ない他人に無愛想になることだ。

過去しか見てくれない他人の意見に耳を貸さないことだ。

過去しか見てくれない他人の意見にいちいち耳を貸せば、新しい未来は描けなくなり、新しい未来を信じることができなくなる。

自分に対する信頼がぶれて、ぶれた分だけ新しい未来を信じることが難しくなる。

大事なことは、自分がどう在りたいか、どんな人生を生きたいかについてのイメージを持ち続けること。
そのために、過去しか見ない他人には無愛想になればいい。

変われない自分を他人のせいにしない

卑屈にならなくてもいい

私が好きな小説に『水滸伝』がある。

それも、北方謙三氏が書かれた『水滸伝』が大好きなのだが、そこに出てくる登場人物たちには卑屈さがない。

誰もが、自分という人間を受け入れ、活かしている。

『水滸伝』には武術に優れた武将も多いが、そうではない人物もいる。

誰もが頂点に立つような人物ではなく、副将が向いている者もいれば、隠密《おんみつ》が向いている者、水軍が向いている者、通信が向いている者など、その特徴は様々だ。

通常、歴史物語のようなものでは、強い者に惹《ひ》かれることが多い。

しかし、この小説の凄いところは、大して強くも凄くもない人物が魅力的に描かれているところにある。

大して強くなくても、天賦《てんぷ》の才がなくても、人は魅力的で在ることができるということを『水滸伝』は教えてくれる。

武力に優れている者も、決して武力に優れていない者を馬鹿にしたりはしない。

なぜか。

武力に優れていない者が、卑屈ではないからだ。

己に与えられたものを最大限に伸ばしつつも、限界を越えようとしつつも、己を認め受け入れてもいる。

それぞれに役割というものがあることを知っている。

武力に優れていない者も、優れている者に対して対等に接する。

卑屈にならないし、ある意味、無愛想だ。

その無愛想な姿は、己に対するリスペクトを表すものであると同時に、他者に対してリスペクトできる人間であることも表している。

自分には自分の役割があると知っている者は、他人には他人の役割があることも知っているのだ。

必要以上に愛想笑いをせず卑屈でもないということは、他人に愛想笑いや卑屈さを求めないということでもある。


あなたにも、できることとできないことがあるだろう。

人よりも優れている部分もあれば劣っている部分もあるだろう。

得意なことと苦手なこともあるはずだ。

そういったものとは関係なく、まずは**自分自身をリスペクト**すればいい。

自分には自分の与えられたものがあり、与えられた役割がある。

自分に与えられなかったものを嘆くのではなく、与えられたものを喜ぶ。

与えられたものを最大限に活かせばいいのだ。

魅力的であるとは、無愛想に己を活かし続けるということ。

他人がどうこうではなく自分に与えられたものを活かそうとする姿勢それ自体が人を惹きつけるのだ。

他人に愛想を振りまいて卑屈になるのではなく、無愛想になって自分を活かし続けよう。

自分に与えられたものを活かす

人間関係は「無愛想」になることで上手くいく

対人関係で、どうしても愛想良く振る舞ってしまう。

しかし、なかなか相手との関係が深まらない。

どこか遠慮したままで、ぎこちない感じになる。

そういうことはないだろうか。

実はそういうときにも無愛想が役に立つ。

相手と仲を深めたいなら、愛想を良くするのではなく、もっと無愛想にズケズケとしてしまえばいい。


少しイメージしてみてほしい。

親友に愛想良くしている人はいるだろうか？

いないだろう。

親友には基本的に無愛想だし、ズケズケとしているはずだ。

愛想笑いをしているなら、それはまだその人が親友ではないということ。

目の前の人との仲が深まったかどうかは、無愛想になれるかどうかで分かる。

無愛想になれる相手とは心と心でつながっているが、なれない相手とは深い部分でつながっていない。

人は、親友にはズケズケと物を言うことができる。

遊びに誘われても疲れているなら「疲れてるから無理」と言えるし、帰りたくなったら「今日は帰るわ」と言える。

そうやってズケズケと物を言うことができるようになれば、相手と深いところでつながっていると言える。


ただ、愛想笑いをする人も、本当は心の奥底では人とつながりたいと思っている。

しかし、怖い。だから、一定の距離を取る。

それが、愛想の良さとして表に出てくる。

恋愛で悩む男性も同じだ。

恋愛で悩む男性はいつも女性にニコニコしているが、どう頑張っても友達止まり。

心の深い部分でつながることができないし、自信がないことがバレバレだし、そんな人と一緒にいても楽しくはないからだ。


逆に、人間関係が上手くいっている人、人とすぐにつながれる人は、最初から無愛想でズケズケとしていることが多い。

愛想笑いの関係など無駄だと分かっているから、かなり早い段階からズケズケとしている。

ズケズケとしていることによって心の距離が縮まり、相手に信頼され、最初から心を開いた関係を築くことができる。

テクニックも、美しい笑顔も、不要だ。

無愛想な人の方が人間関係は上手くいくのだ。

必要以上に気を遣わずにズケズケとしてしまおう。

最初は怖いが、その感覚が分かってくるともう元には戻れない。

人間関係は、無愛想な方が上手くいく。

愛想笑いをしている間は、親友も恋人もできない

自分とつながっている同士が、つながっていく

自分自身とつながっていないとき、人は自分の内側ではなく外側の何かで安心感を得ようとする。

例えば、とりあえず人と会うことで安心したいと感じる。

自分とつながっていなければいない分だけ、自分以外の何かを「必要とする」度合いが高まる。

これは、人に会うことが良くないと言っているのではない。

いつも孤独でいろ、一人で生きていけ、と言っているのではない。

自分自身とつながることでこそ、他人と深くつながることもできるということを言いたいのだ。

自分とつながることができていない状態でいくら他人と会ったところで、一時的な寂しさをごまかすことしかできず、やがて一時的な寂しさをごまかすことが人生そのものになってしまう。

人は無意識のうちに目の前の人が自分とつながっているか、調和しているかということを感じていて、同じ程度自分とつながっている人に親近感を感じるものだ。

趣味が何かとかどういう仕事をしているかにかかわらず、**大きな成果を上げている人は「自分とつながっている度合い」が高いがゆえに、お互いに親近感を感じる。**

だから、組織のトップ同士はすぐに仲良くなれたりする。

自分自身とつながることができていない人が、自分自身とつながれている人と物理的に会ったとしても、本物の出会いにはならない。

では、自分とつながっているとはどういうことか。

それは、自分と向き合えているということだ。

無意識ではなく、意識的な状態でいるということだ。

結局、無意識な状態でしかいられないのであれば、どんな分野であれ成果を出すことはできないのだろう。

自分が何をやっているのかということに自覚的でいること。

自分を客観視する視点を持っていること。

自分と向き合うことで自分に意識的になり、客観的な視点を獲得してこそ、一時の感情や思い込みに呑み込まれることなく生きることができるようになる。

人は、人がどれだけ客観的な視点を持ち、意識的に生きているのかを感じる力を持っている。

いや、感じる力を持っているというより、**意識的に生きれば生きるほど、無意識的に生きることが何であるかということが「視える」ようになる**のだ。

「視える人には視える」ものを視ているかどうかは、視えている人にしか分からない。

しかし、だからこそ、視えている者同士にはよく分かる。

その視えている者同士がどんどんつながっていくのであって、視えていない人が必死になって愛想笑いを振りまいたところで、何の意味もない。

視えている人たちは、変な愛想笑いを振りまいて必死にはならない。

■大きな成果を上げている人は「自分とつながっている度合い」が高い

第
03
章

時間との付き合い方

誰と一緒に「いないか」を決めていい

京大法学部時代、大学内にほとんど友達がいなかった。

いるにはいたが、わざわざ会うことはまずなかった。

理由は単純で、一切話が合わなかったからだ。

私は当時すでにブログを毎日書き続けていたのだが、そんな人間は近くに一人もいなかった。

みんな毎日真剣に法律を勉強したり大学生活を楽しんでいたりするわけで、ブログに熱中している自分は、単なる変わり者だった。

ただ、その中でも自分に興味を持ってくれる人はいて、会うとすればもっぱらそういう人ばかりだった。

向こうから連絡をもらい、ランチで1時間ほど話す。その程度のもの。

その人たちからは大学の話も聞け、ほとんど友達のいない自分が大学の情報にそれなりに明るくいられたのは、ひとえに彼らのおかげだった。

それくらい、私は大学内の人に対して無愛想だった。


ただ、そのおかげで生まれたのが「時間」だ。

時間だけは本当にたくさんあった。

昼ご飯だって基本的に大学内で一人で食べていたし、別にそれが寂しいとかみじめだとは思わなかった。

「読みたい本が読めていいじゃん」と本気で思っていた。

変わり者だと思われたかもしれないが、そもそも大学内に人間関係が少なかったので、そう思われることなど本当にどうでも良かったのだ。

それも無愛想の賜物《たまもの》であって、もしも私が多少なりとも愛想良く付き合いを保っていたら、そうはいかなかっただろう。

周りの目を気にして、好きに生きることに抵抗を感じたかもしれない。

または、いちいち自分がすることを付き合いのある人に説明しなければならなかったり、反論を受けたりして、無駄な葛藤《かっとう》を抱えることになったかもしれない。

大学を中退するときだって、ほとんど誰にも言わなかった。

大学内の人には、全員、事後報告だった。

相談もしなかったし、面倒な説明も説得も必要なかった。

そのおかげで、自分が本当に進みたい道に進むことができた。

大事なことは、**「誰と一緒にいないか」**を決めることだ。

愛想を良くして、本当は一緒にいたくない人と一緒にいればいるほど、自分が本当にしたいことができなくなる。時間も、気づけばなくなっている。

多くの人は、みんなに好かれようとして、みんなとの付き合いを保とうとする。

しかし、少し会わないくらいで破綻する関係など、最初からたかが知れている。

本当につながる人とは、会わない期間があったところで、つながってしまうものなのだ。

誰と一緒に「いないか」を決めて、本当に使いたいコトやヒトに自分の時間を使おう。

愛想が良いと、自分の時間がなくなる

悩み続ける人が悩み続ける理由

これまで、多くの悩んでいる人を見てきた。

その中で、悩みが解決される人もいれば、ずっと解決されずに悩み続ける人もいた。

悩み続ける人は、一つの悩みが解決されたかと思えば、また別の悩みを持ち出してきて、クヨクヨし続ける。


そんな人たちと向き合う中で分かったことは、悩み続ける人には、「じゃあ、どうする？」という視点が欠けているということだった。

過去ではなく今に意識を向けること。

次の一手をどう打つか、を考えること。

それができないでいた。

悩み続ける人は過去と向き合う。

過去のあれこれについて、よく話す。

さらに、他人についてあれこれとよく語る。

悩み続ける人が大好きなのは、「過去」と「他人」だ。

過去、ひどいことが起こった。

過去、ひどい人がいた。

そうやって、「今」が上手くいかない原因を過去と他人に求める。

過去と向き合うのも、過去に今が上手くいかない原因を探すのも、結局のところ、新しい一歩が踏み出せない言い訳を探しているのだ。

今勇気が出ないのも、今やりたいことができないのも、今恐怖を感じるのも、全ては過去や他人のせいである。そう思いたいがために、過去の話をしている。

過去のひどいことやひどい人のせいにしていれば、「あの出来事がなかったら」「あの人がいなかったら」と空想し、「過去がなければなれたであろう理想の自分」を空想することができる。その理想の自分にしがみつくことができる。

しかし、それでは現実は変わらないし、あなたはそんなことをする必要のないくらい現実を良くする力を持った存在だ。そのことを受け入れればいい。

何か上手くいかないことがあった。失敗した。

それでも、上手くいかなかったこと、失敗したことを素直に受け入れて次に向けて動き出せばいいし、あなたにはそれができる。

あなたは、**「じゃあ、どうする?」**と考え、次の一手を打てる。

難しい話を持ち出してくる必要もないし、遠い過去の話もいらない。

大事なことは、「じゃあ、どうする?」という視点を持つこと。

今に視点を移すことだ。

あなたは、過去のせいにしたり他人のせいにしたりする必要のないくらいパワフルな存在だ。

だから、安心して今を生きていい。

過去の話はもういい。

今何ができるか。

それだけを考えよう。

■「じゃあ、どうする?」という視点を持つ

「過去」や「未来」に囚われた自分に気づくだけでいい

前述した通り、ネガティブな状態の人ほど「今」にいないことが多い。

先ほど書いた「過去」。中には「未来」に意識を向けて苦しんでいる人もいる。

過去のネガティブな体験、ネガティブな感情を思い出して、味わって、苦しむ。

その過去に感じたネガティブな思いを未来に投影して、これまた苦しむ。

未来を心配したり不安になったりということは誰にでもあるものだが、そういう状態が日常的になっていて、いつも意識が過去と未来を行ったり来たりしている。

イメージとしては、「過去」「今」「未来」の三つの扉が目の前にあって、いつも過去と未来の扉を開けている感じか。

今の扉を開けることだってできるけれど、どうしても過去や未来の扉を開けてしまう。

過去の扉を開ければ、過去に起こった様々な出来事が待っているのだけど、意識やフォーカスがネガティブな方向に向いているがゆえに、ネガティブな体験ばかりを思い出す。

人間にはネガティブなことを覚えやすいという性質もあるので、余計にそうなる。

その過去のネガティブな経験、思い込みや想念をたっぷりと味わった状態で、未来の扉を開ける。

すると、不安や心配がたくさん見える。

そうやってどんどんネガティブな状態が増幅していくのだ。

過去と未来を往来しながら生きていると、どうしても人生は進んでいかない。

もし過去や未来に意識を向けて苦しいときは、どうしたらいいか。

そんな自分に気づくことだ。

「**あ、囚われてる**」

そう気づく。それだけでいい。

気づいた瞬間に、過去や未来から離れている。

気づくという行為、その意識は、今にしか存在できない。

気づくだけじゃダメだと思ってどうにかしようとするから苦しんだり分からなくなったりするわけで、そうならないためには、ただ気づくだけでいい。

気づいて手放す。過去や未来に囚われた自分を責める必要もない。

「あ、囚われた。囚われ、いらね！」

その気づきを繰り返せばいいだけだ。


こんなことを書いている私だって、囚われることもある。

ただ、囚われたことに囚われることはない。だから囚われたことを責めないし、

「やっちまった！」くらいの軽い感じでいる。

過去や未来の扉には、無愛想でいよう。

大事なのは、今だ。

今この瞬間できることは何か？　に意識を向けて、できること、やりたいことをする。それだけでいい。

■「過去」や「未来」に目を向けると、ネガティブな状態が増幅していく

無愛想になると、時間が増える

人生において「時間」というのは、圧倒的に大切なものだ。

私たちは案外どうでもいいことまで大事なものだと思ってしまいがちだが、「時間」だけはどうでもいいとは言えない。

愛想笑いばかりしていると、人生の貴重な時間を失い続ける。

前述の通り、私は大学時代、大学内に数人の友達しかいなかった。

自分から積極的に友達を作ろうとすることもなく、ひたすら自分が好きなことを追求し続けていた。

そもそも飲みに誘われることもほとんどなかった。

ごくごくたまに、珍しく「おう、池田。飲みに行こうぜ」と言われたときでさえ、

「わりぃ、ちょっと他に予定が」と言って、好きなことを追求していた。

しかし、実際のところ何の予定も入っていなかった。

相当なレベルの付き合いの悪さだ。

こういう話をすると、寂しくなかったの？　と聞かれることがあるが、正直に言うと、寂しくはなかった。

少しだけ毒舌になってしまうのだが、愛想笑いを浮かべながらとりあえず群れている人たちの方が、寂しそうだった。

確かにとりあえず人と会っていると、なんだか色んなことが「まあ、別にいいかな」と思えてくる。

それは深刻になりすぎたとき、状態が悪いときには良いことだろう。

ただ、「**実際に何も進まない**」ということも同時に起こる。

逆に、無愛想になることで、本当に自分が心惹かれていること、やりたいことに時間を使うことができるようになる。

好きなことに打ち込み、自然にその分野について上達するようになり、人生が前に進んでいく。

また、無愛想になると、大して仲が良いわけではないけれどまあたまに飲むこともあるかなという人からの誘いは減っていく。

中には、数合わせや、寂しさの埋め合わせや、何らかのメリットを目的に自分を誘っていた人もいたということに気づかされることもある。

無愛想になればなるほど、自分は誰に会いたいのか、誰と一緒に時間を過ごしたいのかがよく分かるようになり、時間もたっぷりあることで、その人との時間を楽しむこともできる。

さらに、**無愛想になって人との付き合いが減るほど、自分の心の声も聞こえやすくなる**。

いつも人と会っていると、どうしても色んな意見を聞かされることになる。

そのどれもが正しいように思えてきて、肝心の自分の声が聞こえなくなるということはよくある。

大事な選択をするときほど、自分の心の声に耳を傾けることが必要だが、愛想の良い人は自分の心の声を聞く時間すら取ることができない。

無愛想になることで時間を作り、自分の心の声が聞こえる余裕が生まれてくれば、人生は良い方向へ進んでいくものなのだ。

■いつも人と会っていると、肝心の自分の声が聞こえなくなる

SNS無愛想になれ！

まさにこの原稿を書いているときの話をしたい。

この本の原稿を書いているとき、何度か行き詰まった。

ううむ、ここはどう表現しようか。どういう書き方なら分かりやすいのか。

そんなことを考えて答えが出せないでいるとき、決まって、誘惑してきた奴がいる。

スマホ。iPhoneだ。中でも、SNS。

行き詰まりを感じたときに何気なくSNSを開く。すると、知り合いの投稿がチラホラと出てくる。そういうのを流し見している自分。

それで圧倒的に時間が奪われるわけではない。

ほんの2、3分の話にすぎない。

けれど、**集中力はかなりの部分奪われている**ことに気づいた。

スマホを見ていない間も、スマホを手に取ろうか、という気持ちになる。

その気持ちが芽生えて、「いいや、俺は原稿を書くぞ」と気持ちを入れ直す、その気持ちの入れ直しにエネルギーを使っている。

気持ちを入れ直す必要性がある分、集中力が奪われている。

よくよく考えてみると、集中力が奪われているということは、時間を奪われているのと全く同じことではないか。

くそ。これまでどれだけの時間を奪われていたのか。


思えば、受験生の頃は圧倒的な集中力があったように思う。

当時はスマホもまだなく、一心不乱に勉強に打ち込んでいた。あの頃に比べれば、集中力は落ちてしまった感が否《いな》めない。

もちろん、全てがスマホやSNSのせいではない。自分の訓練不足や体力の問題もあると思う。

それでも、スマホの影響力はでかい。

スマホがすでにこの世界に登場している以上存在を消すことなどできないし、解約するのも難しい。

スマホがあることで仕事がしやすくなっていることも事実だし、連絡のほぼ全てがSNSで行われている以上、解約してしまえば支障が出る。


となると、もはや残された手段はただ一つ。

SNS無愛想になるしかない。

Facebook、Twitter、Instagram、LINE…。

そういったものに触れる時間を減らす。つながっている人を減らす。

例えばTwitterなら、どうでもいい人のフォローは一切しない。Facebookも、どうでもいい投稿をする人は全員非表示か友達から外す。愛想で「いいね」を押さない。

LINEのラリーを求められても、しない。

利用しないということではなく、無愛想になること。自分が利用したいときだけ利用し、完全自分好み、自分都合で「**無愛想カスタマイズ**」をするのが良い。

SNSに利用されたり尻尾《しっぽ》を振ったりするのではなく、SNSを完全自分好みに利用すること。それが「SNS無愛想」だ。

そうすれば、あなたは集中力を取り戻し、自分がしたいことをする時間も増え、さらには、人と直接会ったときの喜びだって大きくなるに違いない。

■「SNS無愛想」で集中力を取り戻せ！

スルー力を磨け！

高校時代、全く成績が届いていなかったにもかかわらず、無謀にも京都大学法学部を目指して勉強していた。

ただ、現役時代はあえなく撃沈《げきちん》し、浪人することになる。そうして浪人生活が始まったわけだが、家にお金があまりなかったことからアルバイトをしながらの生活になった。

人生で初めてのアルバイトは、近所の大型デパートのレストラン街にあるとんかつ屋。それほど忙しくなさそうなごく普通の飲食店。しかも、アルバイトなど誰もがやっているわけで大丈夫だろうと思っていた。

しかし、そのとんかつ屋の店長が鬼のように怖い店長で、毎日毎日暴言をはかれ、脅され、今で言う完全なパワハラ状態だった。

当時、まだまだ自分を責め否定する状態だった私は、3日でバイトに行くのが嫌になった。

バイトがある日は憂鬱で、勉強に対する意欲も薄れ、最も重要な「受験勉強」に大きな支障を来《きた》している状態だった。

しかし、毎日毎日暴言をはかれ脅される状況の中で、私はある力を身につけた。

それは、**「無視する力」「スルーする力」**だ。

暴言をはかれた、脅された、怒鳴られた。だから何なの？と思うようになったのだ。

大事なことは、自分が仕事をできるようになること。ただそれだけ。

仕事ができるようになれば怒鳴られる理由もない。

店長の暴言や脅しによる人格的否定は一切受け付けず、ただ仕事を素早くできるようになることだけにフォーカスするようになった。

仕事が素早くできるようになって、さっさと黙らせればいいのだということに気づいたのだ。

怒鳴られたところで凹むことなく、ただただ成長にフォーカスすることに決めた。大事なことは、成長すること。店長だって内心はこちらの成長を望んでいるわけで、店長の「怒鳴り」自体にいちいち付き合う必要はない。

その頃から私は、「怒鳴られた回数」ではなく「黙らせた回数」を数えるようになった。

その後も、飲食の仕事が苦手だった私は何度もミスをした。だから怒鳴られることはある。けれど、その回数は無視して、黙らせた回数だけをカウントした。

当然、人は何度も同じことを繰り返せば慣れてくる。慣れてくればミスも減り、怒鳴られることも減り、どんどん仕事ができるようになった。

相手の否定をそのまま人格的な否定と受け取ってしまうことがあるかもしれないが、それは単にやり方やスキルの未熟さを指摘されているだけであることは多い。

相手の否定や、怒鳴りなどの本質的ではないどうでもいいことはスルーし、無視しておけばいい。

スルーし、無視する力があれば、あなたはどんどん成長していくことができ、成長すれば、自分を邪魔する余計なことも減っていくものだ。

■本質的ではないこと、どうでもいいことは、積極的にスルーしよう

「一抹の不安」はいらない

嫌になるほど情報が増えた。

嫌になるほど生き方に多様性が生まれた。

その結果、自分がどうしていいのか分からなくなっている人も多いのではないだろうか。

正解のない時代と言われるように、何を選ぶのか、誰を選ぶのか、どういう働き方をするのか、どう生きていくのか、自分は何を大切にするのか、そういったことを自分で決めていく時代になっている。

例えば、SNSの投稿一つ取ってみても、誰もが自由に発信ができるようになったことで本当に様々な主義主張、生き方が提案されるようになった。

そんな中で自分が自分の判断で「選択」をしていくことになるわけだが、そのときに大事なのが、無愛想になること。

何かを選択するということは、何かを選択しないということでもある。

何かを選択しない勇気を持つことができなければ、何かを選択することはできない。選択できないということは、どこにも向かえないということでもある。

例えば、仕事をバリバリしたい人からすれば、ワークライフバランスなど、どうでもいいと感じるだろう。

仕事をバリバリ休みなくするということは、ワークライフバランスを主張する人たちに無愛想になるということだ。

もし無愛想になれなければ、バリバリ仕事をしているときにも「これでいいのか？」と一抹《いちまつ》の不安を感じながら仕事をするようになる。

その「一抹の不安」は、意外に大きな影響力を持っている。

どこかで自分にブレーキをかけさせると同時に、「自分はこれでいい」という感覚を奪うことによって人生の満足度も大きく下がってしまうのだ。

今、多くの人が多様性のある社会に生きる中で「これでいいのか？」という一抹の不安を抱えて生きている。

たとえ自分が自分のしたいことをしていたとしても、どこか満足できないでいる。

不要な罪悪感や違和感を抱えながら生きている。

それらの感情が、自分の足を微妙に止め続ける。

特にこれまで他人に正解を与えられるばかりで自分で考えてこなかった人ほど、多様な主張に振り回され、どうしていいか分からず、どこにも向かえずにいる。

こんな時代だからこそ、誰もが無愛想になる勇気を持つ必要がある。

無愛想になるとは、**多様性を認めつつも、自分は自分の人生を生きる**ということだ。

多様性を否定しないけれど、自分の生き方も否定しない。自分の生き方も多様性の中に含まれているのであって、否定すべきものではないと知ること。

無愛想になることで罪悪感や違和感、「これでいいのか?」という思いを払拭《ふっしょく》したとき、あなたは突き抜けることができる。

多様性を認めつつ、自分の人生を生きる

余計なことで時間を無駄にしないための言葉

男らしい男が出てくる映画が好きで、よく観る。

と言っても、あまりマニアックなものは観ない。どこかミーハーな部分があるのだろう。昔はそんな自分が嫌だったが、まあ、仕方ない。

好きなものは好きだし、面白いものは面白いのだ。

海外のハードボイルド作品を観ることが多いが、日本の作品では『クローズＺＥＲＯ』という小栗旬主演の有名なヤンキー映画が好きだ。

その『クローズＺＥＲＯ』の中に、私のお気に入りの言葉がある。

物語の流れの上では全くどうでもいいシーンで、その言葉を発しているのは豪華出演陣ではなく、お笑い芸人。

『クローズZERO』の舞台である鈴蘭高校には、「リンダマン」という怪物がいる。

あまりにも強すぎて、誰も近づかないし勝負も挑まないような存在だ。

鈴蘭高校にやって来たばかりで何も知らない主人公源治（小栗旬）は、リンダマンを探して聞き込みを始める。

私が好きなのは、主人公に情報を提供するちょいキャラヤンキー3人組のセリフだ。

「俺は、リンダマンが5人、病院送りにしたって聞いたぜ」

「いや、俺は、30人を病院送りにしたって聞いたぞ！」

「どこの？」

「そこ重要？」

この、重要でないことをあたかも重要なことであるかのように扱い、「そこ重要？」とツッコむシーン。

この「**そこ重要?**」という言葉が好きなのだ。

というのも、私たちは普段多くのことを、必要以上に重要なこととして扱いすぎているように思うからだ。

例えば、他人にどう思われるか。他人の評価などもそうだし、「人生の意味」のようなものもそれに当たるかもしれない。

そういうものを「重要なこと」だと思ってしまうがゆえに、それに振り回されてしまう。

重要なことであると思えば思うほどしがみつき、どうにかコントロールしたくなり、心身ともに消耗《しょうもう》する。そんな人をたくさん見てきた。

自分の人生にとって本当は重要ではないことを「重要ではない」と認識すること。どうでもいいことをどうでもいいと言える感覚。

その感覚を持つことができるだけで私たちの心は軽くなり、行動も軽くなる。

逆に、大して重要でもないことを重要だと思い込めば思い込むほど、心も体も重くなっていく。

だからこそ「そこ重要?」とツッコめる姿勢を持つことが大事なのだ。

「そこ重要?」とツッコむことで、もっとニュートラルな視点で世界を見ることができるようになる。

すると、余計なことを考えたり気にしたりすることもなくなり、その結果、時間が生まれる。

その生まれた時間で、好きなことをガンガンやればいい。

自分に「そこ重要？」と突っ込もう

無愛想になるとストレスが溜まらない

無愛想になることで得られることはたくさんあるのだが、その一つが「ストレスが溜まらない」ことだ。

現代はストレス社会。

とにかく、精神的なストレスが多い。

そんな中で、人一倍ストレスを溜めやすいのが、愛想笑いばかりしてしまう人だ。

愛想笑いばかりしてしまう人は「断り下手」であることが多く、他人の期待に応えないくらいなら自分を犠牲にすることを選ぶ。

例えば、飲み会が行われ、二次会には本当は行きたくないのだけど、自分の気持ちに嘘をついて最後まで付き合う。

もちろん自分はまだ下っ端だからなど、残るべき理由があることもあるだろう。

そういうときは「そういうものだ」ということで割り切れ、ストレスも溜まらないもの。

問題は、そんな理由などないのに、無理に居たくもないところに居てしまう場合だ。

そういう場合、家に帰ったら疲れ、時間を無駄にしたという感覚に襲われながらも、自分を無理に納得させて眠りにつく。

私も昔はそうだった。

しかし、最近は無愛想になることを許可しているので、帰りたくなったら帰る。

空気を乱さないようにはしたいので、トイレに行くフリをしてそのまま何食わぬ顔で帰ってしまう。

それで嫌われたならそれでいい、と思っているが、実際に嫌われたことは今のところない。

あるとき、自分が大切にしている人たちの集まりに、呼んでもいない人がやってきたことがあった。

別にそれはそれで構わないし、全く問題はない。

しかし、その人があまりにも自分のことばかり話して周りが辟易《へきえき》。

空気もどんよりしたものが流れていた。

このままでは大切なその集まりが台無しになってしまう。

だけど、みんな愛想のいい人たちだから誰も何も言えなかった。

そんなときでも、無愛想になることを許可していれば違う。

私は、何食わぬ顔で「うるさい」と言った。

それでやっと、その人は自分が何をしていたのかに気づき、独演会は終了。

そこからは全員が楽しめる時間になり、大切な人たちと大切な時間を過ごすことができ、無用なストレスを抱えることもなかった。

無愛想になれると、無用なストレスと無縁でいることができる。

帰りたくなったら帰る。言いたいことは言う

第
04
章

仕事との付き合い方

嫌われても、自分の道を行けばいい

人から好かれたい。それは、誰もが持つ思いだ。

しかし、その思いが強くなりすぎ、嫌われることを恐れすぎれば、自分らしい生き方はできなくなっていく。


私自身、誰からも好かれるような生き方をしようと思った時期があった。

一浪の末に京大法学部に入学したが、半年ほど真剣に勉強した結果、自分は法律になど一切興味がないことに気づいた。

半年程度で何が分かるのかと思われるかもしれないが、法律を学ぶことに何の喜びも感じないばかりか、将来誰かの事件に関わり続けて生きていくと考えると、暗澹《あんたん》たる気持ちになったのだ。

これまでの人生で事件に巻き込まれたこともなければ、弁護士に会ったこともない。裁判所に行ったこともない。

法律に触れたことも、六法全書に触れたこともない。

そもそもそんな自分が「弁護士になりたい」と考えること自体が、不自然なことだったのだ。

ただ単にテレビの影響、世間の目、何となくカッコイイというイメージに踊らされていただけで、そこに何の情熱も思いも存在しなかった。

しかし、そんな自分に気づいてからも、なかなか法律を手放すことはできなかった。

人に好かれるような生き方をしたい自分が、まだそこにいたからだ。

自分がどれだけ毎日楽しくなくても、それでも、世間から認められるような仕事に就いた方が良いのではないか？

人に「すごいですね！」と言われるような仕事の方が良いのではないか？

自分が幸せかどうかよりも、世間から幸せだと思ってもらう方が重要なんじゃないか？

そんな考えが、頭に浮かんだ。

何度も何度も自問自答を重ねた。その時期は、正直苦しかった。早く自分の道を決めてしまいたいのに、決断し切ることができない。

でも、それだけ深く考え向き合ったおかげで、世間から認められる道ではなく**自分が心から生きたいと思える人生**を生きようと決意できた。

その結果、本を出版することができ、こうやって5冊目となる本を書かせていただくこともできている。

悩んでいた当初心配していたことも、全く起こらなかった。素晴らしい人間関係にも恵まれ、正直、本当に楽しく幸せな日々を生きることができている。

今振り返れば、なぜあのときあれほど悩んでいたのか不思議に思うほどだ。

結局人は、何かを決断して飛び込めば、その環境の中でどうにかやっていくもの。

必ず何とかなるし、何とかしようとする。

それが、「人間」という生き物なのだと思う。

だからこそ、自分が楽しいと思える道を選ぶべきだ。

人はその環境の中で、何とかやっていけるのだから。

決断をして突き進めばどうにかなるもの

さっさと力を発揮しよう

メンタルジム「イケジュンジム」で起こった話だ。

ある男性が、文章を書きたくても書けない、と悩んでいた。

丸2年悩み続けてきたらしい。

書こうと思っても、キーボードを叩く手が震える。

どう思われるか気になりすぎて書けない。

「俺、全然文章力もないですし、周りの人が本当にすごいなと思って…」

しかし、彼の話を聞いていると、独特の比喩の使い方、話の組み立て方などに、言語化能力の高さを感じることができた。

私は、「文章を書く力、あると思う」と彼に伝えた。

その翌日、彼はついに文章を書いてネット上で公開。

コメント欄にはその面白さを絶賛するコメントが殺到していた。

やはり彼には文章を書く力があったのだ。まだ練習していない段階でその状態なわけだから、これから練習していけばさらに力は伸びるだろう。

彼だけでなく、私は「イケジュンジム」を運営する中でこのような例を数多く見てきている。

「いえいえ、私、全然できないんです…。全然、ダメなんです！」

と言うから、ああそうなのかと思い、あまり期待しないでいる。

しかし、実際に成果物を見ていると、意外なほどよくできている。

いや、普通に考えて、素人にはこれは無理だなと思うものができあがる。

さっきのあれは何だったんだ。できないって言ったじゃないか。

ギャグを成立させるための「振り」だったのか？　と疑いたくなる。

ただ、本人は本当にできない、ダメ、と思っているのだ。

そういう人を見てきて気づいたのは、自分のことを高く評価できないということもあるが、完璧なものじゃないと他者から承認されないという恐れが存在しているということだ。

つまり、周りからどう思われるかが気になって自分の力を発揮できないでいる。最初から完璧である必要などなく、練習していけばいいのに、最初から完璧でなければと思う。

そう思うのは、他人に完璧な姿を見てほしいからだろう。

しかし、他人に完璧な姿を見てほしいと思えば思うほど、未熟な部分を晒《さら》すことが恥ずかしくなり、結局、「練習」することまでできなくなる。

逆に、無愛想に**「未熟ですけど、何か？」**という顔をしておけば、他ならぬ自分自身のために日々自分がやりたいことに打ち込み、練習することができる。

すると、結果的に、他者から承認されるような結果を残すことができるのだ。

本当は力があるのに周りからどう思われるかが気になって力が発揮できない、練習できないというのは、相当もったいない。

もっと無愛想になろう。

他人からどう思われるかなど、どうでもいい。
素知らぬ顔をしてひたすら練習に打ち込めばいい。

無愛想に黙々と練習に打ち込めばいい

好きなこととは、問いを持ってしまうこと

好きなことを仕事にする。

これは誰もが夢見ることなのかもしれない。

そして、実際に好きなことを仕事にしている人は存在するし、仕事が上手くいっている人のほとんどはそういう人だろう。

では、自分の好きなこととは一体何なのか？

本当に好きなことを仕事にすることができるのか？　という疑問も生まれる。

世の中は、好きなことを仕事にしたい派と、そんな甘いこと言ってんじゃねえ派に分かれているように思う。

さて、実際のところはどうなのだろう？

その疑問に応えるために、いったん、好きなことを再定義してみたいと思う。

好きなこととは、問いを持ってしまうこと。

そう考えてみてほしい。

誰に言われるでもないのに、なぜかそこに問いを持ってしまうこと。

よく考えてみれば、その道のプロフェッショナルと呼ばれる人がプロフェッショナルになれたのは、人よりも多く、深く、問いを持ってきたからだと分かる。

詳しくなるとは、**自分なりの問いを持って答えを得る**、ということだ。

ビジネスマンなら「どうやって売り上げを上げるか？」「どうやって集客するか？」を日々考えている。問いを持ち、仮説を立て、実行しながら答えを得る。

カメラマンなら、どうすれば良い写真を撮れるか。歌手なら、どうすれば上手に歌えるか、心に伝わる歌が歌えるか。作家なら、どうすれば面白い文章が書けるか。

コーチなら、どうすれば人は良くなっていけるのか。良くなるとは何か。

そういう問いを持っていれば、確実に人よりもその分野についての理解が深まっていく。

そうすれば、そこからお金をいただくことだってできるようになる。

好きなことが仕事になるのは、そこに問いを持ち続けられることによって他の人よりも圧倒的にその分野に精通するようになるからだ。

大事なことは、問いを持って答えを得る、ということをどこまで数多く、深く繰り返すことができるかだ。

今好きなことがない、という人は、まずは「**問いを持つ**」ということから始めてみるといい。

実際、今は特に、答えを得る力よりも問いを持つ力の方が重要だ。

みんなが問いを持たないようなところに自分独自の問いを持つことができれば、それだけで他との差別化になっていく。

世の中は、「答えを待っている人」と「問いを持っている人」に分かれている。

そして、人生が上手くいっているのは、問いを持っている人だ。

問いを持つ人は、新しいものを世界に提供できる。

問いを持つ人は、必ず自分なりの答えにたどり着いていく。

自分なりの答えを見つけた人は、ある意味、世間で言われていることや他人がどう思うかということには無愛想だ。
その姿勢が人を惹きつけることになり、人生がさらに上手くいくようになっていく。

世の中は「答えを待っている人」と「問いを持っている人」の2通り

罪悪感は持たなくてもいい

人生が上手くいっている人は、罪悪感が少ない。

私の周りには私なんかよりも圧倒的にお金を稼いでいる人がいるが、その人たちの最大の特徴は、お金を稼ぐことに罪悪感がないことだ。

罪悪感がないから、躊躇《ちゅうちょ》することなくお金をもらうことができる。

そして、そのもらったお金をどんどん使う。

躊躇することなく使う。

お金をどんどん循環《じゅんかん》させ、そうやって循環させることに価値を見出している。

逆に、お金を稼ぐことが罪なことであるという思いを抱いていればいるほど、金銭的に苦しい生活を送ることになる。

実際、実力がどうこうというよりも、お金をもらうことに対して罪悪感があるかないかで、その人の収入が決まってくると本当に思う。

お金以外でもそうだ。

自分のやることなすことに罪悪感を持っている人の場合、その人の人生は上手くいかない。

自分のやっていることが罪だと思い、そんなことをしていればどこかで罰が下ると思っている。

それをすることが罪であり、やがては罰が下ると思っていることに、人は本気になることはできない。

やろうにも、手や足はどうしても止まってしまう。

いずれ下るであろう（と自分が思っている）罰が怖くなるからだ。

思うようにやりたいことをやれない人は結局、自分の中にある罪悪感が生み出した罰を怖れているのだ。

罪悪感が大きい人ほど怖れている罰も大きくなり、それがその人の動きを止める。

では、どうすれば罪悪感をなくすことができるか？

一番良いのは、罪悪感がない人と直接関わることだ。

罪悪感がない人と関わっていると、「え、いいの⁉」と思うことをたくさん経験することになる。

罪悪感のない人は「そんなことしていいの⁉」と思うようなことを、何食わぬ顔でする。

その**何食わぬ顔**もよく見てみることだ。

その**何食わぬ感**こそが重要だからだ。

その何食わぬ感こそが、罪悪感のなさの真髄に他ならない。

ごく自然に、ごく当たり前に、そこに一切の罪悪感も感じずにその人を感じることだ。

そういう人はたいてい、無愛想だったり、必要以上に愛想笑いをしていなかったりする。

自分の存在に罪悪感を持っていないから、あっけらかんとしていたり、ごく自然な佇《たたず》まいでそこにいたりする。

その存在を感じることが大事なのだ。

そうすることで自分に「許可」できることが増えていく。

「罪悪感」を抱いていたものに「許可」を与えることができたとき、あなたの人生は大きく変わっていくはずだ。

罪悪感のない人の「何食わぬ感」に触れろ！

無愛想になるとは、自分の世界観を創ること

愛想笑いをして相手に気に入られるとは、ある意味、相手のニーズを満たすことだ。相手が求めることをする。相手が今欲しいと思っていることをしてあげる。それが、愛想笑い的生き方だ。

この本で伝えたいのは、そういう生き方ではない。

というのも、すでに世の中は、人々のニーズを満たすもので溢れているからだ。

あなたのニーズに応えますよ、というだけの商品やビジネスはもうそこら中にあって、もはや差別化できない。

あなたが今自覚できているニーズを満たす商品やサービスは、ネット検索してみれば一発で出てくることを確認できると思う。

今大事なのは、お客様に愛想笑いを浮かべてニーズを満たし、求められることをして気に入ってもらうことではない。

お客様を新しい世界へ連れていくことだ。

今自覚しているニーズを満たすのではなく、人々の心に新しいニーズを生み出すこと。

それと同じで、無愛想的生き方とは、人々に承認されることを求めるのではなく、**自ら新しい世界観を打ち出していく生き方**。

そして、**打ち出した世界観に人々を巻き込んでいく生き方**だ。

承認を求めてみんなに愛想笑いをしているうちは、そういった生き方はできない。

私自身、京大を中退し、就職もせず、自分で好きなビジネスを作り出し、24歳の頃から本を執筆して、生きてきた。

周りにそういう人がいたかというと一人もいなかったし、むしろ周りからは「あいつは大丈夫なのか?」と言われながら生きてきた。

そう言われながらも、周囲に愛想笑いを振りまくことなく、無愛想を決め込んで生きてきた。

最初の頃は、まさに孤立無援状態。

しかし、そこから面白いことが起こり始めた。

次第にその生き方、その世界観に共鳴する人たちが集まってきたのだ。

それはまさに、自分が打ち立てた旗の下に、同志たちが集まってくるような感覚だった。


愛想笑い的な生き方をしていても、本当の仲間は集まってこない。

可もなく不可もなくという人間関係に埋もれるだけになってしまう。

無愛想的生き方では、そうはならない。

自分を嫌いな人、自分に共感できない人は勝手に離れていき、自分に共鳴する人たちがどんどん集まってくる。

自然に、素晴らしい人間関係を構築できる環境が整うのだ。

もはや愛想笑いばかりして生きている場合ではない。

さっさと、無愛想に生きることをオススメする。

無愛想的生き方をすると、本当の仲間が集まってくる

「これ、良くない？」を提案して生きろ！

新しい何かを生み出せる人というのは、人々のニーズを満たそうとする人ではない。人々の心に新しいニーズを生み出す人だ。

最初は欲しいと思っていなかったけれど、その人の発信する情報や世界観、生き様に触れているうちに、欲しいと思うようになっている。

物もサービスも溢れた今の時代、そういう人が活躍する時代になるのではないかと思う。

では、そういう人間になるためには、どうすればいいのか。

「これ、良くない？」という自分の感覚を大切にすることだ。

例えば私は今、メンタルジムを運営している。

肉体ではなく、メンタルを鍛えるジムだ。

ジムと言えば、肉体を鍛えるためのもの。健康を維持したり、夏に海でモテモテになるために定期的に運動したり、鍛えたりする。

ジムとはそういう場所であるというのが普通の人の考えだろう。

しかし私は思った。

「メンタルを鍛えるジムがあっても良いのではないか？」

メンタルが良い状態で維持されれば確実に健康状態も良くなるし、人間関係も良くなる。モテるようにもなるし、良いことだらけだ。

でも、世の中には、メンタルを鍛え、良い状態を維持するためのジムはない。

絶対にあった方がいい。絶対にあった方が人生は良くなる。

私はそう確信した。だから、自分で作った。

「メンタルジムって、良くない？」と世の中に投げかけたのだ。

その結果、その考えに共感してくれる人たちがどんどん集まってきた。

その中に、最初から「メンタルジムが欲しい！」と思っていた人は、一人もいないはずだ。

つまり、お客様が自覚しているニーズに応えたわけではないということ。

それでも、人を集めることはできる。

「これ、良くない？」という自分の思いをスタートにして、それを世の中に投げかける。

「絶対にこういうものがあった方がいい」という自分の熱い思いからスタートさせる。

自分の中の熱い思いからスタートしているので、情熱を持って仕事に打ち込むことができるし、その思いに共感してくれた人が集まっているから、単純に楽しい。


自分の好きなことに情熱を注げることが、自分の理想。

今は、そういう「自分の思い」を仕事にできる時代なのだ。

もはや誰もが、自覚できている自分のニーズを満たしてくれるだけでは満足できない。

それよりも、新しい世界に連れていってほしいし、新しい体験を求めているのだ。

そして、世の中が求めているのも、自分の熱い思い、「こうしたい」「これがいい」「これがカッコイイ」というものを持っている人。

だから遠慮せず、自分の思いを大切にしてほしい。

今は「自分の思い」を仕事にできる時代

批判されても、無愛想でいる

私はブログでの情報発信を通じて、様々なチャンスを得た。

こうして本を書く機会をいただいたこともそうだし、世の中の一流の人たちと出会いつながる機会をいただけたのも、ブログを書いていたおかげだ。

ただ、ネット上での情報発信には付き物なのだが、私もネット上で批判を受けることがあった。

そのとき、そういった批判に対する免疫がついていなかったためか、ひどく落ち込んでしまった。

小学校時代にいじめられたことも関係しているのかもしれないが、初めての経験に、悩み、戸惑った。

その結果、批判されないように、自分の言いたいことを我慢するようになった。

すると、とたんに書くものが面白くなくなった。

書く行為自体も、面白くなくなった。

書くことが面白くないのだから、書くものが面白くなくなるのも当然のこと。

そういったことが「気づかぬうちに」起こる。

批判してくる人に媚びている自分に、最初は気づかない。

自覚症状がない。気づかぬうちに、どんどん自分の感覚を失っていった。

あるときふと自分の文章を読み返してみたとき、何の変哲も面白みもない文章に成り果ててしまっていることに気づいたのだ。


そんな経験があったからこそ言うのだが、批判されたときほど無愛想でいることだ。

自分を貫こうとしたときに邪魔が入っても、そのまま貫き通してしまう。

批判してくる人に愛想を振りまきたくなる自分と向き合い、そのままの自分を生きるのだ。

今やネット社会だから、いつどこで批判されるか分からない。

でも、たとえ批判されたとしても安心してほしい。

もはやそんなことは、誰もが経験し得ることだからだ。

自分だけが特別に批判される、なんてことはない。

渦中にいるときはそう感じるものだが、そんなことはない。

人は自分が特別な存在だと思いたいから、自分に起こっていることも特別なことだと思いたがる。

しかし、残念ながらというか、実際には良いことなのだが、大して特別なことなど起こっていないもの。

古今東西の人間が経験してきたことを、自分も経験しているだけだ。

たとえ批判されたとしても、大して気にすることもなく無愛想でいればいい。

最初はなかなかできないかもしれないが、批判に対して無愛想でいて関わらないようにしていれば、向こうも飽きてきて、批判の嵐は勝手に収まってくる。

だから、向こうが飽きるまで無愛想でいればいい。

批判を気に病まず、遠慮なく自分がしたいことをすればいいのだ。

批判に無愛想になり、遠慮なくしたいことをすればいい

自分の性質を仕事に活かす

漫画が結構好きで、それなりに読む。かと言って、オタクなわけではない。まあ、ごく普通に漫画好きというレベル。だから読む漫画も、漫画好きの人なら誰もが読んでいるような作品になる。

例えば、『ＨＵＮＴＥＲ×ＨＵＮＴＥＲ』。『幽★遊★白書』などの超メジャー作品を書く冨樫義博氏の作品で、アニメや映画にもなっているほど有名なもの。

この漫画がどう考えてもすごく面白いのだが、中でも「念能力」の存在が個人的には大きい。

「念能力」というのは、キャラごとに備わった特殊能力だと思ってもらえばいい。その能力を使えば、戦ったり、事件を捜査したり、人の心を読み取ったり、色んなことができる。

念能力には基本となる6つの性質がある。

「強化系」「変化系」「放出系」「具現化系」「操作系」「特質系」の6つだ。

この6つの性質というのは選べるものではなく、生まれつき決まっている。

各キャラは自分に備わったこれらの性質を、あるテストから自覚することになり、その性質を伸ばしていくことになる。

自分が持つ性質から遠いものは、どれだけ努力しても伸ばすことは難しい。

例えば、「強化系」の性質を持つキャラは、「強化系」としての能力を伸ばしていくことで自然に強くなっていく。

しかし、「強化系」の性質を持つキャラが自分を否定し、責め始め、「具現化系」を目指し始めたとしたら…。

そのキャラは間違いなく「ザコキャラ」になっていく。

どんどん自信や自分への信頼を失い、実力は伸びず、最後は戦いに敗れて死んでしまうだろう。

自分には「強化系」としての性質があるにもかかわらず、いつも「具現化系」の素晴らしさばかりに目をやって、自分にはないその性質に憧れる。

そうすると、しまいには「やっぱ具現化系じゃないと強くなれないよね」と言い始めるに違いない。

そうではなく、強化系なのだからさっさと強化系としての力を伸ばしてしまえばいいのだ。

自分が強化系であることを認めてその部分を伸ばすことで、めちゃくちゃ強いキャラになっていくことができる。


現実の人生も同じことで、自分の性質に合わないものに対しては、無愛想になるべきだ。

合わないものを目指す必要はないと悟り、手放し、自分ではない誰かになろうとすることをやめることだ。

自分には必ず自分だけが持っているものがある。

備わっている性質がある。

その性質を否定するのではなく、活かせないか？　伸ばせないか？　を考える。

自分に備わっていないものには無愛想になり、備わっているものを伸ばしてこそ、あなたは自分らしい人生を生きることができる。

自分に備わっていないものには無愛想になれ

他人と比べて一喜一憂することは無意味

私の周りには、自分でビジネスをやってみたい！　という人が多い。

印象として年々増えていると感じるし、実際に会社を辞めるという選択をする人も増えてきた。

そもそも就職はしない、という選択をする若者も多い。

実際、私自身も自分が好きなことをビジネスにしているが、確かにこの生き方は楽しい。

ただ、「自分でビジネスをしよう！」という気持ちになったものの、後がなかなか続かない、挫折する、諦めてしまう、という人が多いのも事実だ。


なぜ、そういった人は諦めてしまうのか？

実際に色々な人を見てきて感じることの一つに、「**人と比べてしまう**」ことから抜けられない人が多いということがある。

何かを始めるとき、最初は何もない。

ゼロからのスタートなわけだから何もなくて当然だし、そのこと自体は何の問題もない。

集客しても0人のときだってあるかもしれないし、数人しか集まらない時期が続くかもしれない。

赤字の時期もあると思う。

しかし、それも問題ではない。

そういう時期は誰にだってあるものだからだ。

そういうときに、すぐに挫折してしまう人は、いつも他人と自分を比べている。

だから、些細《ささい》なことで傷つくし、凹んでしまう。精神的にダメージを負いたくないから、やめたくなる。過去にひどく傷ついた経験がある人なら、なおさらだ。

しかし、そもそもそこまで傷つき凹んだのはなぜか。

やはり他人と自分を比べたから。

自分よりもはるかに進んでいる人、スタートが早かった人と自分とを比べ、自分に「ないもの」に意識を向けすぎて、その欠乏感や欠落感に傷つき凹んでしまったのだ。

そうならないために大事なことは、**自分に意識を向ける**こと。

他人と比べて自分にないものにばかり意識を向けていると、自分の精神状態そのものが悪くなる。

傷つき凹み、欠乏感や欠落感、無力感に襲われる。

そうなれば、たとえ好きなことをやっていたとしてもやめたくなってしまうだろう。

意識やフォーカスの仕方、精神状態次第で、人は好きなことでも、すぐにやめたくなる。

もっと他人には無愛想になって、自分ができることにだけフォーカスしよう。

他人のあれこれに意識を向けるのではなく、もっと自分との関係を楽しめばいい。

他人に意識を向けてしまったら、「おっと、無愛想になっていいんだ」と気づけばいい。

自分にできることを黙々とやっていこう。

挫折する人は、いつも他人と自分を比べている

第05章

夢との付き合い方

夢は強制されるものではなく、許可するもの

あなたには、「夢」はあるだろうか。

小さい頃から私たちは、「夢を持ちましょう」と教えられてきた。

夢は持たなければならないものだとされ、夢を持っていない自分に罪悪感や劣等感を抱きながら生きてきた人もいるかもしれない。

しかし、夢は人から持たされるものではないし、人から与えられるものでも、教えられるものでもない。

夢を持たなければならないという発想から出てくる「夢」は、自分の心の内側から溢れ出てくる本物の思いを伴わない。

だから、どこか本気になれないだろうし、やる気も出てこないだろう。

もう、他人からの「夢を持てプレッシャー」は無視していい。

夢についてのメッセージは、「夢を持て」ではなく**「夢を持っていい」**にチェンジするべきだ。

外側から無理に夢を植え付けるのではなく、内側から出てきた思いを自然に外側に表現させてあげる。

内側から出てきた思いを止めないでいいと許可する。

外から植え付けるのではなく、内側から解放する。

「持っていい」とは、強制ではなく許可のメッセージだ。

夢について大事なことは、強制することではなく、許可し解放すること。

多くの人と向き合ってきて分かったことは、みんな実は「こうしたい」という思いをすでに持っている、ということだった。

ただ、それに許可を出し切れないでいる。

解放してはいけない、と思っている。

許可し解放できないから、苦しんでいる。

自分の力や思いを解放してあげることで、本来持っているその人の才能や魅力が発揮される場面をたくさん見てきた。

また、もしもまだ内側から思いが溢れてこないなら、それはそれでいい。

出てきたときに自然に表現できればいいのであって、外側から与える必要もなければ、無理に内側から溢れさせようとする必要もない。

夢は持ってもいいし、持たなくてもいい。

持っていることも素晴らしければ、持っていないこともまた素晴らしい。

「夢を持て！」と自分や他人に強制してしまえば、そこに「自分で夢を持つ余地」がなくなってしまうだろう。

その結果、自分の意志が薄くなってしまう。

そうなれば、どこか「人から与えられた感」が伴い、苦しいときや上手くいかないときに、簡単に諦めてしまうことにつながる。

壁が現れたとき、他人から与えられた夢であれば「乗り越えなければならない」と思うが、自分で持った夢ならば「**乗り越えたい**」と思うものだ。

強制ではなく、許可し解放していくことで、自分なりの夢の形を見出すことができる。

■「夢を持てプレッシャー」は無視でいい

やりたいことが分からない理由

やりたいことが分からない、という人は多い。

なぜ、そんなことが起こるのか？

周りに愛想良くして、愛想笑いをしながら生きてきた結果、自分が何に対してなら心から笑えるのか？　が分からなくなってしまっているからだ。

他人の声ばかりに耳を傾けてきた結果、自分の心の声が聞こえなくなってしまった。

やりたいことをやるとは、他人の声を聞くのは最小限に留め、一部の人に低く評価される覚悟をする、ということでもある。

例えば、あなたが独立して自分でビジネスをしたいと思ったとしよう。

しかし、会社を辞めようとすれば、上司や同僚に止められたり、否定されたりすることもあるかもしれない。

その場合、「独立」という選択肢は、低く評価されるはずだ。

もしくは、あなたが進みたい道と親が勧める道が違っているとする。

そのとき、親が勧める道と違う道に進もうとすれば、親から否定されるかもしれない。

学校の先生が「お前はここまで」と勝手に決めたラインを越えようとすれば、「お前には無理だからやめておけ」と言われるかもしれない。

常識が「こうでなくてはならない」と押し付けてきたものを無視すれば、「間違っている」ことにされてしまうかもしれない。

自分の思いを通そうとしたとき、必ずと言っていいほど周囲から止められたり否定されたり、その選択を低く評価されたりする。

そのとき、自分が愛想の良い八方美人な状態だったとしたらどうなるか。

自分のやりたいことはできず、進みたい道に進むことはできなくなる。

人から低く評価されることが怖いからだ。

人から低く評価されるくらいだったら、自分の気持ちを押し殺す。

愛想の良い人は、ついついそういう生き方を選択してしまう。

自分の心の声よりも、他人の声を優先してしまう。

やりたいことが分からないのではなく、やりたいことをやるのが怖い。やりたいことをやりたいのだと認めるのが怖い。

そういう状態になっている。

「やりたいことがない」のだということにしておけば、自分の恐怖とは向き合わずに済む。

「やりたいことが分からない」という人も、実はやりたいことはあるし、薄々それに気づいているのだけど、分からないことにしていたり、自分の本当の気持ちに目を向けないようにしているのかもしれない。


そういう人ほど、無愛想な在り方を身につけてみてほしい。

好かれなくていい。嫌われてもいい。否定されてもいい。低く評価されてもいい。

他人からどう思われるかではなく、自分がどうしたいのかを優先する。

そんな「在り方」を身につけたとき、自分が今までやりたかったけれどやってこなかったこと、やりたいと認めることができないでいたことに気づけるかもしれない。

■やりたいことをやるとは「一部の人に低く評価される覚悟をする」こと

1センチの前進

自分の理想を実現していこうとするとき、その人特有の困難に直面するものだ。

私がこれまで向き合ってきた人たちも、悩みのポイントは人それぞれだった。

自分自身を振り返ってみても、プロセスを一つ一つ着実にこなしていくことが苦手なのが悩みで、現役で京大を受験したときはそれで失敗した。

「数学なんて暗記でいいっしょ！」と安易に考え、本当に丸暗記していたのだ。しかし、そんなことで成績が上がるはずもなかった。

浪人してからは丁寧に一つ一つのプロセスを確認しながら勉強していった結果、成績も上がっていった。


人によっては、私と同じところで悩む人もいるだろう。

しかし、そうではない人もたくさんいる。

ある人は、自分の創造性や表現力を信じることができない。自分には何かを生み出す力はないと思い、自分を過小評価してしまう。

ある人は、他人との協力関係を築くことが苦手で、孤立して全てを自分でやってしまうか、もしくは一方的に支援しすぎて自分でもそれが嫌になってしまったりする。

ある人は、あまりにも完璧主義すぎて自分や他人を裁く。自分を責め、他人を責める。自分を責めるときはメンタルのアップダウンが激しく、着実に進めない。他人を責めるときは相手の反発を買って上手くいかなくなる。

ある人は、自由を求めすぎて一つのことが長続きしない。「一つのことをやり続けるのは自由ではない」という自由に対する浅い理解がブロックとなり、結局は何事も中途半端に終わる。

ある人は、自分の力を発揮することを許可できない。リーダーシップを発揮できず、その裏返しとしてリーダーという存在そのものに批判的になり、余計に力を発揮することを許可できなくなる。そして、その結果、自分から人生を上手くいかなくさせてしまう。

しかし、1万人以上の人と向き合ってきて分かったことは、それぞれが全く違うところで悩みながらも、自分と向き合い、その人なりの一歩を踏み出そうとしているということだった。

それを思えば、周りがどうこうではなく、**まずは自分なりの一歩を踏み出さないと何事も始まらない**、ということが分かる。

なぜなら、周りと自分は悩むポイントが全く違うからだ。

悩むポイントが違うのだから、周りと比べても仕方がない。

大事なことは自分の現実が良くなること。

そのために、まずは自分なりの一歩を踏み出すことだ。

たった1センチでもいい。

1センチでも前に進めたら上等だ。

周りと比べることなく、その1センチの成長を自分で高く評価すればいい。

焦る必要はない。

ただ、淡々と自分がやりたいことをやっていくこと。

淡々と、黙々と、自分の課題と向き合い、自分なりの一歩を踏み出していけばいい。

■他人とは悩むポイントが違うのだから、他人と比べても仕方がない

「自分なんて」と最初から自分を守らなくていい

大学時代からブログを書いていた。

私の人生が今のようになったのは、ネットで情報発信をしてきたからに他ならない。

そうやって情報発信をきっかけとして人生を変えてきたこともあって、これから発信をしていきたいという方の相談に乗ることも多い。

しかし、そうした方の多くが、自分が何かを発信すること、伝えることに強い抵抗を持っている。

どうしても「自分なんて」と思ってしまうのだ。

自分が好きな発信をすることを許可できず、自分より先を行く人と自分を比べて落ち込む。その結果、さらに許可が出せなくなる。

そうやって、「書きたいけど、書けない」と悩む人とたくさん向き合ってきた。

対話を繰り返す中で、自分に書くことを許可するようになり、実際に書き始めていくわけだが、驚くほど面白い文章を書く人が本当にたくさんいた。

何を躊躇する必要があるのだ？　とこちらが思ってしまうような文章を書く人や、何年もブログを書き続けている私よりも上手く、天才的な才能を感じさせる人もいた。


そのとき、よく分かった。

自分を止めるのは、結局のところ、自分自身なのだ。

どうせ、自分なんて。

そうやって自分を過小評価して、自分にしたいことをさせてやらない。

「自分なんて」と卑下《ひげ》することによって、自分のことを守る。

なぜそうやって自分を守ってしまうかというと、周りの評価をあまりにも気にしすぎているからだ。

周りに無愛想になれず、好かれたいという気持ちが強くなりすぎている。

情報発信をする上で大事なことは、無愛想になることだ。

自分の発信に興味がない人、自分を嫌いな人に好かれようとしないことで初めて、自分が本当に書きたいことを書くことができる。

もしも誰からも好かれたいという八方美人な文章を書いてしまえば、誰にも響かないものになってしまう。

それでは、情報発信は上手くいかない。

誰かからは嫌われるかもしれないが、誰かからは熱狂的に愛される。

情報発信は、それでいいのだ。

文章を書くことは、ある意味、己自身がどこまで無愛想になれるかの勝負でもある。

周りの評価を気にしすぎ、「自分なんて」と言って、最初から自分を守ったりしないこと。

「あなたなんかが」と言われる前から「自分なんて」と言わなくていい。

「あなたなんかが」とたとえ言われても、そういう人には無愛想でいればいい。

否定される前から卑下しない。

否定されたら無愛想。

それでいい。

否定される前から卑下しない。否定されたら無愛想

「正しさ」より「楽しさ」を求めていい

「正しさ」を声高に主張する人がいる。

世の中の誰かが「間違った」ことをすると、一斉にネットで叩き始める人たちがそうだ。

なぜ彼らは正しさに囚われたり、正しさを人に押し付けたりするのだろうか。

思うに、**彼らは楽しくないから**だ。

人生が楽しくないから、正しく在ることで自分を保ちたくなる。

楽しくはなかったとしても、正しいことによって自尊心を保つことができる。

正しいことによって劣等感を埋めることができる。

別にそれでその人が幸せであるなら、それはそれで良いかもしれない。

しかし、誰かが「間違った」ことをしたときにヒステリックに声を上げる姿を見ていると、あまり幸せそうには見えない。
正しさに囚われてしまった人は、楽しさを諦めてしまっている。
楽しさを諦めた結果として、正しさを求めたくなるのだ。

では、なぜ楽しさを諦めてしまったのか。
それは、自信がないから。
自分の価値を信じられないから。
自分には欲しいものを手に入れる力がなく、自分はダメだと思っているから。
正しさにこだわっている人の心の奥底には、そんな自分に対する自信のなさがある。
自信がないから、正しさにこだわろうとするのだ。
自分に自信を持っているのではなく、「正しさ」に自信を持っているのであり、
「正しい自分」に自信を持っている。
だから、正しさに固執しないではいられないのだ。
しかし、その自信は、もろい。
そのニセの自信は、他人を責める、他人を非難する方向に向かう。

そこには、他人を認め、受け入れる寛容さがない。

様々な本を読み、セミナーに行き、学んでいる人の中にも、たまにそういう人がいる。

誰かから教えられた「正しさ」に自信を持っている人たちだ。

誰かから教えられた「正しさ」に自信を持っている人たちは、すごく自信がなさそうだ。

大事なことは、**自分の楽しさを追求する**こと。

誰かに自分の正しさを押し付けている暇があったら、自分が楽しく生きればいい。

正しさを押し付けたくなったり、正しいことに自信を持とうとしたりしている自分に気づいたら、そんなことをする必要はないのだと気づくこと。

自分の存在そのものに自信を持っていいし、自分は人生を楽しめる存在だということに気づくこと。

自分を認め受け入れ、自信が持てるようになったとき、正しさに固執するのではなく、楽しさを求めている自分に気づくはずだ。

「正しさ」にこだわるのは自信がないから

自信がないのは、自分を裏切り続けているから

人が自信を失うのはなぜか。

それは、自分を裏切り続けているから。

例えば、何かをやりたいと自分が思ったとする。言いたいことがある、チャレンジしてみたいことがある、ブログを書きたい、ビジネスをしてみたい、旅行がしたい、休みたい…。何でもいい。

自分の中にそういう気持ちがあるにもかかわらず、他人の目を気にしてやらない選択をしたとしよう。

その選択は一体どういうことを意味するのか。

他人の目が気になるという理由でやらない選択をするということは、自分の心が望んでいることよりも他人からどう思われるかを大事にする、ということだ。

「自分の声より他人の目の方が人生において重要である」というメッセージを自分に発信している、とも言える。

それは、キツイ言い方をすれば、自分の心の声を裏切っているということだ。

自分は自分の要求に応えてやらないし、自分は自分を守らないし、自分は自分の好きにさせてやらない。

それが自分という人間である、というメッセージを自分に送り続けている。

もしも無意識にそういった行動を取り続けていれば、自分に対する裏切りは常習化し、当たり前のものとなるだろう。

自分の中に「こうしたい」という思いが生まれたとしても、自分はそれを実現させようとしないし、心の声に耳を傾けることすらしない。

何かをしたいと思ったとしても、自分は自分にそれをさせてやらないということを自分が一番よく知っている。

求めていることに全力で向かえない、どうせ動き出さないことを長年の経験から自分は知っている。

そうやって自分が自分の思いを大切にしないから、自分のことを信じることができなくなるのだ。

自分の心が「こうしたい」と叫んでいても、他人の目を気にしてその声は一切無視する。

自分に自信がない人は、ずっとそういったことを繰り返してきた人。

それはつまり、他人に愛想笑いを振りまくばかりで、自分の心の声は無視してきた人だとも言える。


自分に自信を持つ、自分の人生を生きるためには、自分の心の声に耳を傾ける必要がある。

そのためには、**自分以外の他人の声を無視する**ことが必要だ。

他人の声を無視できない、無愛想になれないでいるから、自分の心の声が聞こえないし、自分の人生を生きることができない。

もっと無愛想になって他人を無視し、自分が本当に求めることにちゃんと向かうようにしよう。

自分の「心の声」を無視しない

恐怖との向き合い方

先日、愛犬に噛まれた。

私は犬が好きで好きでたまらず、当然ながらその犬を可愛がっていた。

それは今でも変わらないのだが、愛犬に噛まれたことによって自分の中に「また噛まれるかもしれない」という恐怖が少なからず湧《わ》くようになった。

今は、過去の経験（愛犬に噛まれたこと）によってそう感じているのだなと分かるから、その恐怖もすぐに収まるが、もっと小さい頃であれば、犬全般に対して恐怖を感じ続けるようになったかもしれない。

私は小さい頃からずっと犬が好きだったので、犬が怖いという人の気持ちが全く分からないまま生きてきた。

何でこんなに可愛いのに避けるのだろう？　何で触らないのだろう？

そういう疑問を持っていたし、犬嫌いの人たちのことが全く理解できなかった。

けれど今、実際に自分が噛まれ、恐怖を感じそうになっている自分を体感することで、ああそういうことだったのか、と初めて理解できた。


同じようなことが、私たちの人生にはあるだろう。

人にはそれぞれ、過去の経験から来る恐怖があるのだと思う。

例えば、私の場合はいじめられたことがあるがゆえに、人から嫌われることが怖くなった。


そもそも自分は嫌われる存在である、という思いが拭い難く存在した。

その思いは、私が犬嫌いの人のことを理解することができなかったように、いじめられた経験のない人には理解できない部分もあるかもしれない。


自分には、自分にしか分からない恐怖がある。

その恐怖はどうすれば乗り越えられるのか。

私は、愛犬に噛まれてからも、犬に触れない自分にはなりたくなくて、ビビりながらも触るようにした。

「あ、大丈夫だった。うん、いける。触れる」

自分はできる、大丈夫だ、ということを確認するように、犬に触っていった。

恐怖が最初から消えているわけではなく、恐怖を感じながらも、本当は大丈夫なのだと思いながらチャレンジしていった。

対人関係でも同じだ。

いじめを受けて以来、私はいつも愛想笑いをして人の機嫌をとり続けていた。嫌われるのが怖かったからだ。

その恐怖を抱えながらも、無愛想になる練習をした。

最初は無愛想になること自体に恐怖を感じたが、「お、大丈夫だった」「あれ、こっちの方がいい感じだぞ」「なぜか信頼されるぞ」と確認していった。

大事なことは、このように恐怖を感じながらでもいいから、ビビりながらでもいいから、少しずつ自分のチャレンジに対する反応を「確認」していくことだ。

どんなことがあっても、無条件に自分を愛しながら、怖いけれど本当はやりたいことに取り組んでいく。

本当は大丈夫なのだ、ということを信じ、少しずつでもいいから確認していくことで、なりたい自分になることができる。

無条件に自分を愛しながら、怖いけれど本当はやりたいことに取り組んでいく

自分以外の誰かを目指さなくていい

自分のことが嫌いなときというのは、自信がないときというのは、とにかく自分以外の人の素晴らしさばかりがよく見える。

「あの人のようになれば自分に自信が持てるのでは…」

「あの人のようになれば魅力的になれるのでは…」

そんな心の声が、自分にそう囁《ささや》いてくる。

そして実際に、「あの人」のようになるために仕草や振る舞いなどを真似してみる。

しかし、結局は「あの人」の劣化版、二番煎じにしかなれず、「あの人」との距離を余計に感じてしまう。

このように、「あの人」のようになるということは、「あの人」と同じではない自分の性質を否定するということでもある。

結局、「自信がない」というところから生まれた発想は、「自信がない」という現実しか生むことはない。

根本が、前提が、「自信がない」というところからスタートすれば、どこまで行っても「自信がない」というゴールにしかたどり着けないのだ。

では、どうすればいいのか。

「自信がない」という前提から生まれた発想を手放せばいい。

そんなことをする必要はなかった、と気づけばいい。

つまり、**「あの人のようにならなくていい」**と気づくこと。

「あの人のようになりたい」という思いを手放すこと。

それはつまり、**「自分は自分でいい」**ということに他ならない。

確かに、自分にはできないこともあるだろう。

誰かと比べれば劣っているところもあるかもしれない。

しかし、それも「自分」だ。

まずは、そんな自分をとことん受け入れてみること。

「あの人のようにならなくてもいい」と思えたときに初めて、人は自分だけが持っているものに気づくことができる。

「あの人」とは違った良さが自分にはある。

自分には自分なりの成功の仕方、自分なりの成功の形があることに気づくことができる。


そして、**「自分は自分で良いのだ」と受け入れたときに生まれるものこそが「自信」であり、そのとき発せられる雰囲気こそが「魅力」なのだ。**

魅力的な人とは、他の誰かになろうとせず、自分を受け入れ、自分を生きている人に他ならない。

他人は自分にはない性質、特徴を持っている。しかし、自分にも自分の性質、特徴があり、他人になろうとすればするほど、その性質や特徴は活かせなくなる。

そうやって自分が持っているものを否定して生きていれば、苦しく、生きづらくなってしまうのも当然だ。

もう他人なんて目指さなくてもいいと思えたときにこそ、本物の自信が手に入り、魅力的な人になれる。

自分は自分でいい

諦める理由ではなく、立ち向かう理由に

私は大阪の堺市で生まれた。大阪は日本の中では学力が最低レベル。さらに自分の住む地域は、そんな大阪の中でも学力の低い地域だった。

私自身、小学校時代、中学校時代は遊ぶことや部活動、恋愛が人生のメインで、勉強に対する意欲は高くなかった。

中学受験とも無縁。ヤンキーがたくさんいる公立の中学、公立の高校。勉強のサラブレッドでは全くなかった。

数学をはじめ思考を必要とする科目が自分でも驚くほど苦手で、本当に不器用で要領も悪かった。人の何倍もやって、やっと人並み。そんな自分が大嫌いだった。

しかし、それでも京大を目指した。

そのときあったのは、こんな自分「だからこそ」京大を目指すのだ、という思いだった。

受験勉強に対する私のエネルギーには凄《すさ》まじいものがあったが、それは「諦める理由」が「立ち向かう理由」になったからだ。

人は、諦める理由がそのまま諦める理由になったとき、エネルギーを失う。

逆に、**諦める理由が立ち向かう理由になったとき、エネルギーが湧く**。

当時の私は過去にいじめられた経験から、強い自己否定感がつきまとうようになっていた。

対人関係でも恋愛でも、過去の傷跡がうずいて、自然な自分でいられなかった。

それだって、「諦める理由」になり得ただろう。

もう恋愛はしないとか、人と深くつながろうとせずに自分の殻に閉じこもるとか。

そうやって自分の望みを次々に諦めていく理由にしたかもしれない。

しかし私は、諦める理由こそが立ち向かう理由なのだということに気づいた。

もしも、勉強のサラブレッドではない私が京大法学部に合格できれば、私と同じような境遇の受験生にとって希望になる。

実際、合格後、私は受験生に勉強法を伝えるブログを書き、本を出版し、一歩ずつ人生を変えていった。

もしも、過去にいじめられ、強い自己否定感を持っていた私が自分に自信を持ち、自分を愛し、堂々と生きていけるようになれたら。

過去に同じような傷を受けた人たちの希望になれる。

そのことを実現するため、私は自分の不利な状況を、諦める理由ではなく、奮い立つ理由にしたのだ。


もしあなたが今、客観的に見て不利な状況にあるのなら。

その不利な状況を諦める理由にするのではなく、立ち向かい、奮い立つ理由にしてほしい。

もしあなたが今の状況から成功したとしたら。自分の望みを実現したとしたら。

誰にとっての希望になれるだろうか。

誰を励ますことができるだろうか。

誰の人生に影響を与えることができるだろうか。
苦しいときは、自分にそう問いかけてほしい。
あなたの成功は、あなただけのためのものではない。
あなたの成功は、必ず誰かの希望になれる。
だから、諦めるのではなく、奮い立ち、立ち向かおう。

あなたの成功は、誰かの希望

特別付録

7日間「無愛想」トレーニング

1日目　自分の本音を知るトレーニング

これから7日間にわたって無愛想トレーニングを行っていく。

このトレーニングを通じてあなたは、自信を取り戻し、他人に左右されることなく自分の人生を生きる姿勢を身につけることができる。

まず1日目は、「自分の本音を知るトレーニング」を行う。

人はつい自分の本音よりも相手の気持ちを推し量ることを考えて、自分の本音を見失ってしまいがち。その結果、自分が本当はどうしたいのか？　自分は何が好きなのか？　が分からなくなってしまう。

そこで、まず「自分はどうしたいのか？」を知るトレーニングから始めよう。他人の希望や状況を先に考えるのではなく、まず自分はどうしたいのか？　を知ることだ。

トレーニングは「日常における選択」を通じて行っていく。これまでと同じ日常生活の中でできるものだから、ぜひ実行してみてほしい。

トレーニングは全て3ステップ。それぞれが大事なステップなので、納得のいくまで時間をかけて取り組んでみよう。

トレーニング1　「感じる」

「自分の本音」を感じることに意識的になってみよう。そのとき、次のような前提を置いて自分の気持ちと向き合ってみれば、自分の本音を知ることができる。

・人に低く評価されてもいい
・人から変だ、やりすぎ、何で？　と言われてもいい
・人の期待に応えなくていい

トレーニング2　「問う」

「ランチは何を食べるか？　休日は何をするか？　どんな本を読むか？　SNSをど

う使うか？　仕事をするか、休むか？」など、ごく日常的な選択において、自分の本音を感じるようにしてみよう。人の意見を先に聞く、みんなはどうしているのかを先に気にするのではなく、自分はどうしたいのか？　を先に問うようにする。

トレーニング3「伝える」

他人に「自分はどうしたいのか？」を伝えてみよう。例えばランチなら「自分はこれが食べたい」と相手に明確に伝えた上で相手の意見も聞き、それぞれが食べたいものを選択する。最初に「自分はこうしたい」ということをきちんと相手に伝えることが大事。

２日目　断る力トレーニング

２日目は、自分の本音を大事にするために必須の力を身につけてもらう。

それは「断る力」。

日常の中で私たちが「自分の本音に従おうとする」とき、そこには必ず「断る」ことが必要になる。

「何にイエスと言うのか？」が自分の選択であり、その選択が人生を創っていく。逆に言えば、「何にノーを言うのか？」が人生を創るということでもあるからだ。

しかし、無愛想力がまだ身についていないときほど、断ることができない。

ノーを言うことができない。

その結果、行きたくもないところに行き、使いたくもないところでお金を使い、本当に自分が行きたいところに行けない、本当に欲しいものを買えない。

そういうときに最も良くないのは、自分の中に後悔や罪悪感、被害者意識などのネガティブな感情が溜まっていってしまうことだ。

自分を大事にしない選択をし続けていけば、自分に対する罪悪感は溜まっていき、自分を信頼することはできなくなる。

そうならないため、自分の人生を生きていくために、「断り力」を身につけるトレーニングを行っていこう。

トレーニング1「感じる」

「行くか行かないか、やるかやらないか、買うか買わないか」などの選択に迫られたとき、自分の本音と向き合うようにする。自分はどうしたいのか？　何を優先したいのか？　自分が大事にしていることは何か？　を問い、自分の本音を感じるようにする。

トレーニング2「動機のチェック」

　こうしないと嫌われるから、人に低く評価されてしまうから、そうじゃないとダメだと言われたからなどの恐れから選択していないかをチェックする。その恐れがなくなったとしてもそうしたいか、を自分に問う。

トレーニング3　「ノーを伝える」

　自分が本当はやりたくないと気づいたものに関しては、誘いを断る。堂々と自分の気持ちに従う。ついついイエスと言ってしまうところでノーと言う。

3日目　自分を生きるトレーニング

3日目は、1日目と2日目を総合したトレーニングになる。

「自分を生きる」ことをテーマにしたトレーニングだ。

人は自分を生きていないとき、心の中に罪悪感が溜まっていく。

自分が自分を生きていない、自分に正直じゃない、自分の本音をないがしろにしている。

そういったときに溜まっていくのが「自分に対する罪悪感」だ。

人生が上手くいかない、自分に自信が持てない。

そういう人は、これまでの選択によって心の中に罪悪感を溜め続けてきた。

自分にふさわしくない場所に居続ける。したくもないことをし続ける。

ひどい扱いを受けても何の抵抗もしない。

そうやって自分を犠牲にすればするほどに、心の中は淀んでいく。

自分が自分を大事にできないでいると、他人に大事にしてもらいたい、他人は自分を大事にするべきだ、と感じるようになっていく。

自分にはできないことを他人にしてもらいたい、と思うようになる。

その結果、人が自分を大切にしてくれない、注目してくれない、承認してくれないと被害者意識を持つようになるのだ。

その状態になれば、どんどん人生は悪い方向に進んでいく。

そうならないために大事なことは、自分が自分の人生を生きること、自分が自分のしたいことをすること、自分が自分を愛してやることだ。

3日目はそのためのトレーニングを行っていく。

トレーニング1　「これまでの自分と向き合う」

これまで、どういうときに自分の気持ちを置き去りにしたり、自分を犠牲にしたりしてきたか、自分が自分を大事にできない結果生まれた被害者意識から他人を責めたりしなかったか、などの過去にきちんと向き合う。自分が自分を大事にしないことによって溜まってきた、そういったネガティブ感情に気づく。

トレーニング2 「問う」

自分を犠牲にしてきた、自分を生きなかったことによって生まれたネガティブ感情を踏まえ、「では、自分は本当はどうしたいのか？」を問う。過去ではなく現在に意識を向け、罪悪感などを感じない方向、つまりは自分が進みたいのはどんな方向なのかを自分に問う。

トレーニング3 「自分を生きる」

過去や現在と向き合うことで生まれた「こう生きていきたい」という自分を実際に生きてみる。そのとき湧いた「これでいい」という感情をしっかりと認識し、自分が進みたい方向を明確にして、実際にその方向に向けて一歩を踏み出す。

4日目　自分を守るトレーニング

4日目は、自分で自分のことを守るトレーニングを行っていく。

生きていれば、自分に対して好意的に接してきてくれたり、高く評価してくれたりする人ばかりと出会うわけではない。

ときには、自分を低く評価する人や、傷つけるような人に出会うこともあるだろう。

また、上手くいかないことや失敗したなと感じることも出てくるはずだ。

大事なのは、そういうときこそ自分で自分のことを守ってやること。

自分を良い状態で維持することだ。

そのためには、自分を責めて自分なんてダメだと落ち込むことなく、淡々と自分がやりたいことを続けていく打たれ強さが必要になる。

そんな打たれ強さを身につけることができれば、人からの適切で建設的な意見を受け入れることができるようになり、客観的に自分を把握《はあく》する力も増す。

自分で自分を守れない状態では、現実を直視したり、厳しい意見に耳を傾けたりできない。

さらには、客観的に自分を見ることができなくなって、全てが上手くいかなくなるのだ。

周りがどうであろうが、自分で自分に許可を出し、自分が自分を愛し守ってやること。

その姿勢を持つことが、現実を生きていく中では重要になってくる。

4日目は、そのためのトレーニングを行っていこう。

トレーニング1 「意識的になる」

他人から否定的なことを言われたとき、上手くいかない現実に直面したとき、その事態をどう捉え、そこから自分が自分にどんな言葉をかけているかということに意識的になる。普段の自分に対する思考や言葉を自覚する。

トレーニング2　「守る」

愛すべき存在が侮辱《ぶじょく》され落ち込む姿をイメージする。その愛する人を守っている自分をイメージする。そのイメージ通りに、自分にも接する。自分のことを自分で守ってやる。その上で、自分を責めることなく、実際に起こっていることを冷静に見つめる。

トレーニング3　「アクション」

自分にかける言葉を変える。気持ちが上向く言葉をかけるようにする。相手の責めのエネルギーを受けることなく、冷静に状況を把握する。もう一度チャレンジする、言うべきことは言う、断る、本音を伝え合う、など自分の願望を実現する方向に向かうアクションを取るようにする。

5日目　比べないトレーニング

何かを始めたいと思い立ち、実際にスタートさせたとしても、続かないことがある。

何かを始めた当初は、当然できないことだらけだし、失敗もする。

恥をかくこともあるかもしれない。

他を見れば自分よりも上手くいっている人がいて、自分だけが上手くいかない、自分だけが損をしているように感じる。

何をするにしても、そういう時期は必ずあるものだ。

そういう時期に必要なのは、他人のことには無愛想になって、自分がやるべきことに集中すること、淡々と自分がやるべきことを続けていくことだ。

上手くいかない最大の原因は、自分と誰かを比べることによって自分の足りないところ、できないところに意識を向けすぎ、落ち込む時間を作ってしまうことだ。

そうやって落ち込む時間、ネガティブになる時間、考え込んでしまう時間を極力減らして、自分がやるべきことに打ち込むようにする。

そうすることで、着実に前に進んでいくことができる。

その姿勢、その在り方を、５日目はトレーニングを通じて身につけてもらう。

他人に無愛想になり、自分が何にフォーカスするのかを意識的にコントロールして、落ち込む時間を減らし、「今」に集中してみよう。

トレーニング1 「自分に気づく」

落ち込みやネガティブな感情を感じたら、自分が誰かと比較していないかをチェックする。

人は誰かと自分を比較したとき、自分に足りない部分を発見するとネガティブな感情を抱く。自分がどういう状況で、どういう思考をした結果、その状態に陥ったのか、そのことをきちんと把握する。

トレーニング2　「受け入れる」

自分の現状を受け入れる。自分がやるべきことをしっかりやることが最も自分にとって役に立つことを知り、今の自分にできることに目を向けるようにする。それがたとえ他人から見れば小さなことでも、それに集中することが、自分にとって最良であることを知る。

トレーニング3　「淡々と続ける」

失敗することがあっても、人より上手くできないことがあっても、自分が踏み出した一歩を大事にし、淡々と続けていく。他人には無愛想になり、自分の成長、自分の願望実現に意識を向け続ける。

6日目　主体的になるトレーニング

他人にどう思われるかを気にするあまり、自分からアクションを起こすことができなくなることがある。

そういうときは、「どう思われているか?」ばかりを気にして、「どう思っているのか?」をないがしろにしているのだ。

しかし、人にどう思われるかばかりを考えていては、自分の人生を生きることはできない。

いや、そもそも誰からも好かれることは不可能だ。

人は誰もが自分のフィルターで世界を見ており、そのフィルターによる解釈を他人がコントロールすることなどできるはずもない。

何をどうしようと、必ず自分を低く評価する人は現れるし、いつでもどんなときでも良く思われることは難しい。

だからこそ、相手が自分を愛するか愛さないか、高く評価するか低く評価するかには無愛想になり、自分がどうするか？　に意識を向けてみる。

その上で、相手に良く思われることを期待するのではなく、自分が相手を良く思い、高く評価し、愛するようにする。

そうすれば結果的に、相手もこちらを良く思ってくれたり、高く評価してくれたり、愛してくれるかもしれない。

けれど、そのことに期待するのではなく、あくまでこちらからアクションを起こす、相手に関心を向ける。そんなトレーニングを行っていこう。

トレーニング1　「向き合う」

人にどう思われるかを気にするあまり、やりたいけれどできないでいたことはないか、どう思われてもいいという前提だったなら、自分はどうしたかったのかを考える。

トレーニング2　「期待を手放す」

人にどう思われるか、自分がやりたいことをやったらどういう結果になるか、ということについては、コントロールできない部分があることを知る。その上で、自分はどう思うのか、どうしたいのか。その自分の思いに意識を向けるようにする。

トレーニング3　「アクション」

人に挨拶をする、食事に誘う、新しいことにチャレンジしてみるなど、自分からアクションを起こすことを心がける。その際、相手の反応や短期的に出た結果には無愛想になる。自分からアクションを起こしたという事実を大切にしよう。

7日目　人を勇気づけるトレーニング

ここまで6日間のトレーニングで、自分の本音に従って生きることができるようになり、自分を自分で守り、愛し、承認することができるようになっているはずだ。

そして、自分に余裕が生まれるので、どう思われるかよりもどう思うかを大事にできるようになっているだろう。

その状態になっていれば、次は自分以外の他人に意識を向けることができるようになってくる。

自分を満たすことができる人は、他人のことも満たすことができるようになる。

無愛想トレーニング最終日は、徹底的に他人を満たす、他人に与えるトレーニングを行う。

無愛想トレーニングを積めば積むほど、人は愛に溢れた存在に変わっていく。

無愛想トレーニングが最終的に目指すのは、自分への愛を取り戻すことで、他人への愛を自然に持てるようになること。

他人への愛を自然に持てる人は、心の底から人に優しい笑顔を向けるようになれる。無愛想トレーニングを積んでいけば、自分や他人に対して自然な愛を持つことができ、純粋にギブしたいという願望が自分の中に生まれるようになるのだ。

トレーニング1　「理解する」

人は誰もがそれぞれの恐れを抱えている。恐れによって、人を見下したり悪口を言ったり心を閉ざしたり、その人が望まない現実を生む行動を取ってしまう。

そうならないよう、人の表面的な行動だけを見るのではなく、奥にある動機を理解するように努める。そうすることで、人に対する責めの気持ちが減り、許しの感情が湧いてくる。

トレーニング2　「無愛想力を使って良い状態になる」

相手の状態にかかわらず、まずは自分が良い状態になるよう注意をする。相手がどうで在るかではなく、自分がどう在るかに意識を向ける。相手の状態に左右されない無愛想力でもって、自分の状態を整える。

トレーニング3　「高く評価する」

相手がどれだけネガティブに自分のことを捉えていようとも、それには無愛想で応え、相手のことを信じ続ける。相手以上に相手のことを信じ、相手を高く評価する。自分がその在り方を維持し続けることで、相手に良い影響を与えることができる。

あとがき

本書を最後まで読んでいただき、ありがとうございました。

ここまで、「無愛想になることをオススメする」という少し変わった主張をさせてもらった。

その主張の意味するところも、本書を読んでいただくことで理解してもらえたのではないかと思う。

無愛想という在り方を手に入れることで、私たちは「大切にしたいものを大切にすることができる」ようになるということだ。

今回、原稿を書き上げていく過程で、無愛想になれなかったこれまでの自分について振り返ることが多かった。

人に嫌われないことを最優先にして生きていた頃。

私は、いつも自分自身をないがしろにして生きていた。

ただ、ないがしろにしていたのは自分自身だけではなかった。

私はみんなに愛想良く振る舞って、嫌われないようにして生きてきたわけだが、そういう生き方をしていると、真っ先に犠牲になるものがある。

それは、自分のことをすでに大切に思ってくれている人。

嫌われることを恐れているときいつも頭にあるのは、自分のことを嫌っている人であり、自分のことを低く評価する人のこと。

その人たちからいかに嫌われないかで頭がいっぱいになり、すでに自分を認めてくれている人、すでに自分の側にいてくれている人のことは頭から消えている。

そういう人たちが、あまり重要ではないように思えてくる。

「自分のことを嫌う人に嫌われないために頑張ること」の方が重要だと感じてしまうからだ。

無愛想になることができないとき、私たちは「自分を大切に思ってくれている人」のことを考える時間よりも、「自分を大切に思ってくれていない人」のことを考える時間の方が長くなる。

そういうときこそ、ぜひ「無愛想」になってみてほしい。

自分を嫌う人のことなんて、気にしない。

嫌う人に好かれる必要はない。

嫌う人には嫌われた方がいい。

そうやって自分を嫌う人に無愛想になることができたとき、私たちは、自分が本当に大切だと思うものを大切にすることができる。

大切な人を大切にすることができるし、自分が本当はしたいと思っていたことをすることもできる。

自分が本当は大切にしたかったことを大切にすることができたとき、私たちは「これでいい」「これがいい」という感覚を感じることができる。

「自分は、本当はこうしたかったんだ…」と深く実感することができる。

小さなことからでもいい。

無愛想になって、自分の本音に従ってみてほしい。

もう自分をないがしろにしない。

自分の人生を生きる。

そう決めてみてほしい。

無愛想になり、自分の人生を生きると決めることで、あなたの人生はどんどん良くなっていくはずだ。

最後に、本書の出版にあたり光文社ノンフィクション編集部の森岡純一さんにご尽力いただき、世に出すことができました。また、長倉顕太さんに大変お世話になり、長倉さんの力がなければこの本は生まれませんでした。この場をお借りして、心から感謝申し上げます。

池田　潤

◎池田潤による特別音声

「無愛想トレーニング」を無料プレゼント！

この音声は、池田潤がクローズドな会で行ったセミナーの音声を収録しております。大好評のメンタルジム「イケジム」を主宰している著者ならではの、熱のこもった話が聞けます！

※左記ＵＲＬよりダウンロードをお願いいたします。

ike-jun.jp/buaisou

●著者略歴

池田 潤（いけだ・じゅん）

作家・コーチ。

京都大学法学部在学中に立ち上げた勉強法ブログが人気となり、大学生ながら、カリスマブロガーとして活躍。しかし、現在の日本の受験勉強のあり方に対する疑念が拭い切れず、次第に受験勉強の指導に情熱を注げなくなる。苦悩しながら自分と向き合う中で、京都大学を中退。「物書きとして、人の心と向き合う人間として生きる」ことを決意し、活動を再開。中学生や高校生、大学生など若い世代の心の悩みと来る日も来る日も向き合い続ける。

大学中退後、作家・コーチとしてビジネスを展開。最高月商1000万円を突破し、使命とビジネスを両立させた「自分の武器を仕事にするライフスタイル」を実現させる。

受験指導の経験から生まれる誰にでも分かりやすい文章や、悩みの本質に迫る鋭い洞察力、人を愛する心を生かした独自のセッションにより、悩み相談に訪れた人の心を解放し続け、ブログ立ち上げ当初からの相談数はのべ１万件を超える。

著書に、ベストセラーとなった『勉強の結果は「机に向かう前」に決まる』『未来の自分をつくる勉強法』(共にサンマーク出版)、『毎日15分自分と向き合えば、「欲しい結果」がついてくる』(KADOKAWA)、『自分の「武器」を見つける技術』(水王舎) がある。

池田 潤オフィシャルブログ　http://ike-jun.jp

<プロデュース>長倉顕太

無愛想《ぶあいそう》のススメ　人間関係《にんげんかんけい》が劇的《げきてき》に改善《かいぜん》する唯一《ゆいいつ》の方法《ほうほう》

2016年 12月 20日　初版１刷発行
2020年 4月 15日　　３刷発行

著　者　池田 潤
発行者　田邉浩司
発行所　株式会社　光文社
〒112－8011　東京都文京区音羽1－16－6
電話　編集部 03－5395－8172　書籍販売部 03－5395－8116
業務部 03－5395－8125
メール　non@kobunsha.com
落丁本・乱丁本は業務部へご連絡くだされば、お取り替えいたします。
組　版　近代美術
印刷所　近代美術
製本所　榎本製本

ISBN 978-4-334-97902-7　Printed in Japan